JN207404

挑み続けるヒント

成功を後押しする25の言葉と思考法

キッコーマン株式会社
取締役名誉会長
茂木友三郎

東洋経済新報社

挑み続けるヒント

成功を後押しする
25の言葉と思考法

はじめに

キッコーマンがアメリカの地でしょうゆの販売を始めてから、六八年が過ぎた。初めての海外工場が始動したのは一九七三年。そこから半世紀が経過し、現在、キッコーマンは事業利益の八割以上（二〇二四年三月期）を海外市場で稼ぎ出すまでになっている。

以前、『ワシントン・ポスト』紙の東京支局長から取材を受けたとき、「来日するまでキッコーマンはアメリカの会社と思っていた」と言われたことがある。キッコーマンがアメリカ社会に深く根づいていることを実感し、感慨無量であった。

キッコーマンのアメリカ進出は決して順風満帆ではなかった。相当なリスクを負った挑戦であり、仮に頓挫していたら、今日のような成長はなかったはずだ。

しかし、リスクを取らずに国内にとどまっていたなら、やはり遅かれ早かれ衰退の憂き目にあっていたのではないだろうか。

企業が成長するためには、リスクを取って挑戦しなければならない。それは、私自身の経験に基づく確信である。

そして挑戦の重要性は、個人の成長についても同様だ。

私はアメリカ・コロンビア大学の経営大学院に学び、一九六一年、経営学修士（MBA）の学位を得て修了した。日本ではMBAの存在がまったく知られていなかった時代であるが、死に物狂いで勉強をした経験が、その後のビジネスを進める上で大いに役立った。人として成長する上では、やはり挑戦的な気持ちを持って行動していく必要があるだろう。

日本経済は、バブル経済の崩壊以降、長期にわたる低迷を余儀なくされてきた。この難局を打破するために、残された課題は多い。

それらの課題を解決するにあたっては、民間企業と政府がそれぞれの役割を果たしていくだけでなく、一人ひとりが挑戦的な姿勢を持つことが不可欠といえる。

本書の目的は、キッコーマンがグローバル企業に成長する過程での私の挑戦と学びを伝えることである。

グローバル化の波が押し寄せる激動の時代に生きる若者たちに、未来を切り拓くヒントを少しでも見いだしていただければ、これ以上の喜びはない。

目次

第三章　グローバル時代のリーダー像——73

第四章　成長し続けるための学び方——99

第一章

市場を創造し、需要を創造する

アメリカに工場を建設するという大プロジェクト

一九六五年、三〇歳の私は一つのプロジェクトに足を踏み出そうとしていた。アメリカにキッコーマンの工場を建設し、しょうゆを現地生産するというプロジェクトである。

当時は、まだ日本製品に対する「安かろう悪かろう」のイメージが根強くあり、アメリカに本格的な生産拠点を持つ日本企業は皆無であった。その中でアメリカ市場に真正面から打って出る。これは、当時の常識からすれば無謀とも思える挑戦であった。

為替は一ドル三六〇円。工場を建設するとなると、当然、巨額の投資が必要となる。多大なリスクを抱えることは避けられない。まさに会社の命運をかけたプロジェクトである。

その頃の私は、社長室に属する管理課企画係の主任であり、会社の長期計画を策定する業務を担っていた。

ちょうど池田勇人内閣による所得倍増計画が成功し、日本経済は右肩上がりの高度成長を謳歌していた時期だ。多くの企業が、時代の波に乗って躍進を遂げつつあった。

だが、キッコーマンはその波に乗りきれずにいた。しょうゆの出荷量は、一九五二年には戦前の水準に回復したものの、そこから長期的な伸び悩みに直面していたのである。

しょうゆは生活必需品であり、家庭で毎日使う量はほぼ決まっている。所得が倍になったからといって、しょうゆの使用量が倍になるわけではない。

となると、需要は人口の伸び程度しか増えず、生産量が今後大幅に増えることは見込めない。何もしなければ、いずれ需要が頭打ちになってしまう。

多くの企業が軒並み二桁成長を続けているのと比較して、キッコーマンの成長はあまりに緩慢だった。

もちろん、キッコーマンもそれまで手をこまねいていたわけではなく、多角化戦略と国際化戦略に着手していた。キッコーマンの多角化への動きは早く、会社設立時の定款にはすでにソースの醸造販売が記されている。また、一九二五年には万上味淋株式会社と合併し、みりんの製造販売を始めている。

第二次大戦後、高度経済成長期を迎えると日本における生活様式の変化に拍車がかかった。キッコーマンは食卓の洋風化に合わせてトマト加工品事業や、ワイン事業を展開した。トマト加工品事業はソースの原料の一つであるトマトピューレから始まり、洋風のレシピに欠かせないトマトケチャップやトマトジュースへと拡張。アメリカのデルモンテと提携し、デルモンテブランドの商品を国内で製造販売するようになった。一九九〇年にはアジア・オセアニア地域（フィリピンを除く）における加工食品でのデルモンテブランドの商標使用権、営業権を取得している。

ワイン事業は輸出用のテリヤキソースの原料用赤ワインを安定的に調達することからスタートしたが、清酒や焼酎など和酒の需要が減少する中で洋風の食事に合わせた飲用のワインとしての可能性を見いだし、一九六四年東京オリンピックに合わせてマンズワインとして発売した。現在では、デルモンテ、マンズワインともにキッコーマングループの主要ブランドとなっている。

一方、国際化戦略は海外に市場を広げようというものである。その時点でキッコーマンしょうゆはアメリカに輸出され、確かにアメリカの家庭でも使われ始めていたものの、海外事業は赤字が続いていた。

国際化を実現するためには、「ただ輸出しているだけ」で満足していてはならない。黒字化を果たしてこそ、本当の意味で事業の国際化といえるのではないか。それを可能にする選択肢は、アメリカに工場を建設し、現地生産を行う以外にないと考えたのである。

現地での瓶詰めから第一歩を踏み出す

挑戦をする上では、確実にできることを積み重ねていくことが重要である。

工場建設の提案をきっかけに、一九六五年、キッコーマンは社内にＡＰ委員会という組織を立ち上げ、現地生産を本格的に検討することになった。APとは「アメリカン・プラント」の略だ。

しょうゆを現地生産すれば、日本からの輸送コストを省ける上に、関税もなくなる。原料である大豆や小麦を現地調達できる利点もある。

ただし、しょうゆの生産は大がかりな設備を要するため、リスクを伴う大規模な設備投資に踏み切らなければならない。

当時、事務局を担当した私が中心となってデータを収集・分析し、AP委員会で議論した結果、「無理だ」「難しい」という声が相次ぎ、工場の建設は時期尚早であるとの結論が下された。

アメリカの現地工場建設には、当時のキッコーマンの資本金以上の投資額が必要だった。その頃のアメリカにおける売上の規模は、設備投資を回収できるだけの大きさにはなっていないと判断が下された。

しかし、挑戦を簡単にあきらめるわけにはいかない。

代替策を検討する中で、しょうゆを日本からドラム缶で輸出し、現地で瓶詰めをする取り組みに着目した。これにより、瓶詰めした製品を運び込むよりも輸送コストは下がる。

試算をすると、採算性を改善できるということがわかった。そこでまず、現地での瓶詰めから工場建設の橋頭堡を築くことにしたのである。

その後、ドラム缶で運ぶよりも安上がりな「タンクコンテナ」を海運会社が開発したことが追い風となった。

カリフォルニア・オークランドにある食品会社の協力を得て、現地で瓶詰めをする段取りを整えた。その会社にはしょうゆの瓶詰めのノウハウなどはなく、最初は試行錯誤の連続だった。

同社と契約後、最初の瓶詰めに立ち会ったときのことである。ラインが始動し、順調に瓶詰めが始まったように見えた――が、思わぬ事態が発生した。泡が吹き出してしまうのである。一瞬肝を冷やしたが、そのときは本社から来た技術者の手助けで事なきを得た。

瓶詰めが開始されたのは一九六七年。現地での瓶詰めはタンクコンテナの利用により当初予定していたよりも多くの効果をもたらし、輸出事業の赤字はほぼ解消し、収支をトントンにまで持っていくことができた。

ただ、私は決してこの結果に満足していたわけではなかった。

国際化をやり遂げるならば、どんなに乗り越えるべき障壁があろうとも、やはりアメリカにキッコーマンの工場を建設すべきだ。

そう考えていたのである。

企業の役割は需要を創造すること

ここで、キッコーマンと海外のつながりを少しだけ振り返ってみたい。

キッコーマンのしょうゆがアメリカに初めて輸出されたのは一八六八年である。

江戸時代が終わり、明治維新直後、東京湾からハワイ向けの移民船が出港した。

このとき、キッコーマンのしょうゆの樽が大量に船積みされた記録が残っている。

近代におけるしょうゆ輸出の第一歩だった。

明治期には、海外への日本人移民が増加していったこともあり、堅調なニーズに支えられ、しょうゆの輸出は途絶えることなく続いた。

その後、日本が海外領土を拡大する中で、アジア各地に工場が建設された。北京、満州、インドネシア、シンガポール、朝鮮半島にキッコーマンの生産拠点が築かれている。戦前からすでに、しょうゆは海外で広く消費されていたのである。ただし、当時の顧客の多くは日本人だった。つまり、顧客の居住地が海外にあったというだけで、日本人以外に広くしょうゆが受け入れられていたわけではない。

一九四一年、太平洋戦争勃発により、欧米向けのしょうゆの輸出はストップを余儀なくされた。輸出を再開したのは、一九四九年のことだ。

輸出にあたって、キッコーマンが重点市場に定めたのはアメリカである。

占領下の日本には、占領軍の兵士をはじめとして、ビジネスマン、教師、牧師、行政関係者、ジャーナリストなどさまざまな職業のアメリカ人が入ってきていた。当時、占領軍兵士は基地内に居住しており、日本人と接触する機会は少なかったが、軍関係者以外のアメリカ人の多くは、日本人に交じって生活していた。

彼らは、当然ながら日本人が毎日使うしょうゆの存在に気づき、自然に使い始めるようになる。そして、日本料理だけでなく、自国の料理にも使えることがわかってくる。そうした彼らの姿を目の当たりにして、私の先輩たちは、アメリカにもしょうゆの潜在需要があると考えるようになったのだ。

ドラッカーは、次のような言葉を残している。

「企業の重要な役割の一つは、人々の持つ欲求を有効需要に変えること」

これは、人々が買いたいと思うような品物をつくれという意味である。人々が買いたい品物をつくることで需要を創造する。その活動を通じて企業には付加価値が生まれ、成長することができる。

一九五七年、キッコーマンはアメリカにはしょうゆの需要が潜在するとの確信を持って、サンフランシスコにアメリカで最初の拠点となる販売会社を設立しアメリカ進出の第一歩を踏み出した。「キッコーマン・インターナショナル社（ＫＩＩ）」（現キッコーマン・セールス・ＵＳＡ社（ＫＳＵ））である。その後、各地に支店を開設し、マーケティング活動はアメリカ全土へと及んでいくことになる。

需要を創造することで、
企業に付加価値が生まれる。

インストア・デモンストレーションで確信したこと

私には、アメリカにおけるしょうゆの潜在需要を感じ取った原体験がある。アメリカの販売会社では、市場開拓を進めるにあたり、スーパーマーケットの店頭でデモンストレーションを盛んに行った。

これはスーパーマーケットにコンロを持ち込み、しょうゆに漬けた牛肉を焼き、小さく切って、爪楊枝に刺してお客様に試食してもらう店頭プロモーションである。

キッコーマンを休職し、コロンビア大学経営大学院に留学していた一九六〇年前後、私は休暇を利用して、しばしばこのデモンストレーションを手伝っていた。

初めはアメリカ人になじみのないものを出すのだから、怒られるかもしれないと内心ひやひやしていた。しかし、実際に店頭に立ってみると予想とは裏腹に好意的な反応が返ってきた。

塩、こしょうだけで肉を食べていたアメリカ人にとって、しょうゆ味のステーキは新鮮な味覚体験だったのだろう。多くの方は喜んでくださり、しょうゆを買って帰る方も半分ぐらいいたように思う。肌感覚として、「これはいける」という確かな手応えがあった。

もっとも、デモンストレーションでしょうゆの味を知ってもらうだけでは不十分だ。実際にどのような料理に使えるのかを伝えない限り、売上を増やすことはできない。

そこでキッコーマンは、現地の料理や食材にしょうゆを使ってもらうためのレシピの開発にも精力的に取り組んだ。サンフランシスコの販売会社にテストキッチンをつくり、アメリカのホームエコノミストとともに、いかにしょうゆをアメリカの食卓に組み込んでいけるか研究したのである。ホームエコノミストとは、家庭目線で商品企画やマーケティングに関わる人たちである。

開発したレシピをクックブック（料理書）として刊行したり、しょうゆ瓶の首にレシピカードをかけるなど、しょうゆ文化のアメリカへの普及を図った。

顧客の生活や嗜好の理解なくして、購買行動を起こさせる商品やサービスの提供はできない。当時、キッコーマンが行ったことは、顧客を知り、顧客を理解し、顧客に働きかけ、需要を創造するという一連のプロセスである。現在はデータなどを活用して手法が複雑・高度化しているが、この基本は不変である。

キッコーマンのアメリカでのマーケティングにおいては、高品質による差異化を徹底したことも大きかった。

一九六〇年代、アメリカでは競合メーカーが化学しょうゆを販売し、キッコーマンに先行していた。

しょうゆのつくり方には二種類あり、一つは微生物の力で原料を分解、発酵してつくる醸造しょうゆ。もう一つは、原料を塩酸で分解するなどしてつくる、いわゆる化学しょうゆである。

化学しょうゆは、製造期間が短いため安価に生産できることが強みだ。「Why pay more?（なぜ高いものを買うの?）」という宣伝文句とともに、醸造しょうゆよりも安い値段で売られていた。

しかし、風味を比較すればその差は歴然、品質は醸造しょうゆが圧倒している。

キッコーマンは、アメリカ市場でも日本と同じ醸造しょうゆの販売にこだわった。「Quality difference（品質が違う）」と訴え、価格で競争するのではなく、化学しょうゆとの品質の違いをアピールすることで、地道なブランド構築を進めていったのである。

アメリカの工場建設が決定

アメリカでしょうゆの瓶詰めに取り組んでいた頃に話を戻そう。

瓶詰めが開始されてから約二年半が経過し、しょうゆの売上が順調に伸びてきたこともあり、私はそろそろ機が熟したのではないかと思った。

その頃、海外事業部に異動した私は、さまざまな試算を行い、「現地生産を始めても採算に乗る可能性がある」と予測していた。

アメリカに工場を設立するにあたっては、さらに綿密な調査が必要になる。こ

価格で競争するのでなく、
品質の違いでブランドを構築する。

こで欠かせないのが、「アメリカ人の視点」だと考えた。現地の事情に精通していない日本人だけでは、判断を誤る危険性がある。

そこで、アメリカ人のコンサルタントを雇い、調査に対応しようと考えた。

一九七〇年、大阪万博を見学する目的で、マルコム・ペニントンというアメリカ人が来日した。コンサルタント会社に勤務する私のコロンビア大学留学時代の同級生である。留学時から彼とは親しい間柄であり、信頼できるビジネスセンスの持ち主だった。

彼を自宅に迎え、日本酒を酌み交わしながらこう切り出した。

「アメリカにキッコーマンの工場を建設したいと思っている。ぜひ君にプロジェクトのためのコンサルティングをお願いしたい。力を貸してくれないか」

ペニントンはいくつか質問をした末に、「やってみよう」と快諾してくれた。

だが当時、日本では経営コンサルタントという職業自体が知られていなかった。コンサルタントを雇うことに、社内からは懐疑的な声も聞こえてきた。だが、調査には万全を期す必要があると、私は説得して回った。何しろ、アメリカ工場建設は社の存亡に関わる巨大プロジェクトなのだ。

私はペニントンの協力を得ながら情報収集に奔走し、精力的な現地調査を進めた。その結果をもとに、「年間九〇〇〇キロリットルの生産能力を備えた工場を建設し、五年間で採算に乗せる」というプランをまとめ上げ、取締役会に稟議書を提出した。

しかし、壁は厚く、結論は二度にわたって保留となった。前述したように、工場建設の投資額は当時のキッコーマンの資本金を上回っていた。取締役会が慎重になるのも当然といえる。

ただ、何もしなければキッコーマンの将来を切り拓くことはできない。私はあきらめずに、もう一度稟議書を提出した。

一九七一年三月、三度目の正直でついにアメリカ工場の建設が正式に決定した。絶対に失敗が許されない、会社の命運を左右するプロジェクトが動き出した瞬間だ。「ついに動き出した」という興奮と、「大変な重責を担った」というプレッシャーが同時に心の中で渦巻いた。思わず背筋が伸びたことを、今でも思い出す。

建設候補地をウィスコンシンに選定する

いよいよ本格的な挑戦のスタートである。

アメリカ工場建設の決定を受けて、最初の仕事は工場の建設地を選定することであった。前述したペニントンとともに候補地を検討していく中で、当時の需要や最大のマーケットであった西部への物流効率を考え、最初に東部が除外された。中部か西部かの選択では、社内でも意見が分かれた。すでに西部のサンフランシスコに販売拠点があり、日本人・日系人のコミュニティも存在する。社内には西部を推す声のほうが多かった。

しかし、私の考えは違った。確かに、現状は西部に販売拠点があり既に市場も形成されていた。しかし、そもそも莫大な投資をしてアメリカ工場建設という挑戦に打って出る以上、将来的にはアメリカ全土への市場拡大を視野に入れなければばならない。だとすると、アメリカ全土に商品を輸送しやすい「中部」が適していると私は考えていた。また、西部では日本人コミュニティの中にどっぷりとつかってしまい、本当の意味でアメリカの工場にならないのではないかとの懸念もあった。

そんな率直な思いをぶつけ、さまざまな議論を経た結果、私の意見が受け入れられ、中部で工場建設用地を選定することになった。

次に、中部のどの土地に工場を建設すべきか。アメリカの建設会社には工場立地の選定をサポートする機能がある。私とペニントンは建設会社に依頼して、共同で工場立地の調査を行った。

ペニントンから連日手紙やテレックスでレポートが届き、候補地は徐々に絞られていった。そして、最終的に工場の建設地として選定したのは、アメリカ中西部のウィスコンシン州である。

ウィスコンシン州を選んだのには、いくつかの理由がある。

第一に、アメリカにおける主要な物流ハブとして知られるシカゴから自動車で約二時間の距離にあり、アメリカ全土にしょうゆを運ぶにあたって便がいいことである。

第二に、しょうゆの原料である大豆や小麦の産地が近く、良質の水も得られる点である。

第三に、労働力の質がよく、犯罪も少ない地域性である。

ウィスコンシン州内の六カ所が候補地に絞られた。いよいよ当時の茂木啓三郎社長、茂木佐平治常務以下、経営幹部が直接現地を視察した上で、私たち調査チームとともに比較検討を行うこととなった。

経営陣は二日をかけて候補地を視察した。大型ヘリで上空から候補地を眺めたり、車で周辺の環境を入念に見て回ったりした。

六カ所はいずれも魅力的な土地であり、一つに絞るのは難しい選択である。徹底した議論を重ねたあと、社長から「いったん投票してみよう」という意見が出た。多数決で決めるわけではないが、参加者がよいと思った場所を挙げてみることにしたのである。

全員による無記名投票を行い、私のところにメモ用紙が集まった。それを一枚ずつ確認したところ、驚くべき結果が出た。複数の候補地に票が割れるのではないかという予測に反し、なんと全員が同じ候補地に投票したのである。州南部のウォルワースという街である。

「全員がウォルワース郡のウォルワースです」

そう発表すると、室内にどよめきが起こった。全員の考えが一致したからには、これ以上議論の余地はない。候補地は決まったも同然だった。

現地の反対運動に直面

ところが、事はそう簡単にはいかなかった。選定した用地はトウモロコシ畑であり、工業用に転用するのが容易ではなかったのだ。

候補地が決まった翌日、私はウィスコンシンで有名な弁護士であるトーマス・G・ゴッドフリー氏を訪ねた。

「今度、州内で工場を建設することになりました。あなたの事務所でいろいろな手続きをお願いしたいのです」

私が依頼をすると、「簡単なことではないですよ」という言葉が返ってきた。私自身、農地転用に手続きが必要なことは承知していたが、そこまで難しいとは考えていなかった。そのときはゴッドフリー氏に任せることにして、私は日本に帰国した。


一九七一年の秋、日本で工程表の作成などに追われていた私は、ゴッドフリー氏から思いもよらない電話を受けることになる。現地で、農地の工業用地転用に反対する声が挙がっているというのだ。

「地元住民から反対運動が起きている。これは大変なことだ。早くこちらに来て、町議会で説明してほしい」

ゴッドフリー氏が、差し迫った口調で訴える。私は慌てて荷物をまとめ、とにかく現地へと向かうことにした。

当初、反対運動が起きるのは、キッコーマンが日本企業であり、しょうゆというものになじみが薄いからではないかと考えていた。ところが、ゴッドフリー氏に聞くと、現地では公害による環境破壊を懸念して工場自体に反対する声が強いという。

一つ工場ができてしまうと、なしくずし的に多くの工場ができてしまうのではないか。住民には、そんな不安もあるという。現地に到着すると、ゴッドフリー氏が落ち着かない様子で待ち構えていた。

翌日、私は町議会に出席することになった。町長を含む町議会の議員は、昼間は別の仕事を持っているため、町議会は夜七時に開かれた。最初に工場建設プロジェクト全体についての説明を行い、その後一〇時過ぎまで多くの質問を受けたのを記憶している。「従業員は何人なのか」「原材料は地元で調達するのか」「設備投資額は」といった質問はもちろん、「工事期間中に町の道路を破壊する心配はないのか」「その場合の補償はどうなるのか」といった細かな点まで矢継ぎ早に問いただされた。まさに緊張の連続だった。

農地の工業用地転用の許認可権は郡にあり、郡議会で決定される。その前に公聴会を開いて、住民の意見を聞く機会が設けられる。許認可権は郡にあるが、個々の町に拒否権があるので、町民の説得が鍵となるのだ。

私は、公聴会開催までの間、コンサルタントのペニントン氏、弁護士のゴッドフリー氏、ネシェック氏とチームを組み、農家の集会に出向いたり、個別訪問を行ったりして、真摯に説明をして回った。

このとき、しょうゆとは何なのか、どのような工程でしょうゆがつくられるのかをわかりやすく説明するため、スライドを何枚も準備した上で丁寧に説明にあたった。あちこちでたくさんの人と握手を繰り返した。

当時の海外事業部長であった石川浩常務と私が出席した公聴会では、住民たちが次々に発言した。そのやりとりを聞きながら、私は感動していた。アメリカに根づく草の根民主主義に触れることができたからだ。同時に、長期的に企業が存続するためには、地域に理解され受け入れてもらうことが不可欠であると再認識させられた。

私たちの働きかけが理解されたこともあったのだろう。一九七一年一二月に行われた郡議会では、圧倒的多数で工業用地への転用が認められた。その後、町も拒否権を行使せず、工場の建設が決定したのである。

地域の理解なくして、
企業は存続できない。

アメリカ工場の幕開け

一九七二年一月、体感温度が摂氏マイナス五〇度にもなる大寒波の中、地鎮祭が行われた。

そして、翌一九七三年に工場は完成。六月には無事、グランド・オープニング（落成式）を迎えることができた。

工場を運営するに際して、人事のあるべき姿についても考えた。

一般に、日本の高度経済成長を牽引したのは、日本企業による「日本型経営」だとされている。この日本型経営は、終身雇用と年功序列という二つの制度に支えられており、長らく人事管理の基本となってきた。キッコーマンも、国内ではこの二制度に基づく人事制度を堅持してきた。

現地法人の経営にあたって、アメリカ人のコンサルタント、マネージャーや弁護士たちと人事制度のあり方についていろいろな議論を行った。焦点となったのは、終身雇用と年功序列を採用すべきかどうかである。

アメリカの企業では、業績が悪化するとレイオフ（一時解雇）することが多い。賃金制度は、仕事の内容や難易度にしたがって設定される職務給が採用されている。日本型経営とはまったく文化が異なるのだ。

どのような人事制度にするか。これは、キッコーマンの工場を、アメリカの中にいかに定着させるかという問題と直結している。

結論から言えば、基本的な経営のスタイルはアメリカ流で行うこととした。「郷に入っては郷に従え」というわけである。したがって、年功序列は取り入れず、職務給を基本とした。ただし、雇用形態については「安定雇用」を基本方針とした。つまり、会社の業績が悪化しても、真っ先にレイオフという選択肢を取ることはしない。まずは、社員の賃金を一律カットする。それでも乗り切れない場合に限って、レイオフに踏み切る姿勢を宣言したのだ。

「安定雇用」という基本方針は、現地でも支持され、入社希望者が多く集まることにもつながった。

工場建設から五〇年以上経ったが、幸いなことに一度もレイオフを経験しないまま今日にいたっている。業績も伸び続けているので、賃金のカットも経験せずに済んでいる。

人材の流動化が激しく、転職が多いアメリカでも、従業員はレイオフに不安やストレスを抱えている。アメリカの企業であっても、やはり「人を大切にする」という姿勢は必要なのである。実際に、アメリカでも優良といわれる企業は、人を大切にする傾向が強い。私は、今でも安定雇用は古びていないし、望ましいと考えている。

現地化せずしてよき企業市民とはなり得ない

もう一つ、アメリカの工場運営にあって、常に意識していたのが現地化である。現地化とは、異なる国や地域においても「よき企業市民」となることである。地元に雇用を生み出し、積極的に地元企業と取引を行う。この現地化が成立して初めて、正しい意味で地元への貢献を行うことが可能となる。

実際、アメリカ工場を運営する現地法人の設置に際し、私はまず地元企業との取引を優先した。条件にさほどの相違がなければ、日本企業よりもアメリカ企業、さらには可能な限り地元に近い企業を取引先として選んだ。

また、工場を建設するには、建設会社に依頼する必要がある。これについても、キッコーマンは、アメリカの建設会社を選定し発注した。しょうゆ製造の性質上、どうしても日本のメーカーに頼らなければならない設備は例外として、基本的に現地の企業に設備も発注した。

こうした徹底ぶりは、日本国内で多少の波紋を呼ぶこととなった。中には、日本企業との取引を勧める声もあったが、スタンスは変えなかった。現地化の姿勢は、当時のキッコーマンの強い決意表明でもあったのだ。

工場が完成し稼働して以降も、現地の人材を可能な限り採用し、登用するよう心がけた。一方で、日本から派遣した社員については、地域に軸足を置いて生活してもらった。

しばしば日本人同士は同じエリアに集まり、ほとんど英語も使わずに生活できてしまう環境がつくられがちである。そのような事態を避けるために、あえて分散して居住してもらうようにした。

社員の住居探しについても、私自身が陣頭指揮を執った記憶がある。現地に溶け込むことが、人材育成につながるとの確信もあった。

アメリカ工場建設当時、日本の工場から技術指導のために人材が派遣された。彼らは分散して住むように勧められ、不安に感じたのは間違いないだろうが、結果として、比較的早期に地元のコミュニティに入り、溶け込んでいった。

さらに、地域住民が主催する各種のイベント、お祭りなどには積極的に参加した。その結果、日本に戻ってからも長くつき合う友人関係ができた者も多かった。アメリカ社会の中で生活できてよかったと述懐する社員の声を聞いた経験も、一度や二度ではない。

当時の経験を通じて、私は「現地化＝よき企業市民たれ」という理想像を、確かなものとすることができた。この成功体験により、キッコーマンはその後、世界各地に展開していく中で、同様の方法を採用することになる。

地域に根差し、活動に参画し、責任と貢献を果たす。グローバル化が進む中で、ビジネスを展開する前提としてよき企業市民である必要性を、今も強く実感している。

第一次石油ショックを乗り越え黒字化を実現

こうしてアメリカ工場が順調に滑り出したのもつかの間、またしても逆境に行く手を阻まれる事態が起きる。その年の秋に発生した第一次石油ショックである。原油価格は半年ほどで大幅に高騰。国内ではトイレットペーパーの買い占め騒動も起き、「国内でしょうゆが足らなくなる」という噂も流れ、キッコーマンは政府から関西方面への緊急出荷要請を受けたこともあった。

物価上昇は当然ながらアメリカにも波及しており、コスト高により初年度、二年目と大赤字を計上することになる。

七四年には、私自身も二年間にわたるアメリカ工場建設に伴うハードワークの結果、肺炎を患い二カ月の入院を余儀なくされるなど、試練の時期だった。

この間、アメリカ工場はキッコーマン社内の一部で批判の的となっていたようだ。私自身、決算書の数字を見て想定以上の赤字を実感し、居心地の悪さを感じることもあった。

ただ一方で、アメリカ工場の建設は正しい選択であると確信していた。アメリカでしょうゆはもっと普及する。コロンビア大学留学時代、夏休みなどにアルバイトでしょうゆの店頭デモンストレーションを行った際のお客様の好意的な反応という原体験が、当時の自分を支えていたように思う。

実際に、赤字の裏で需要は順調に伸びていた。そして、アメリカでの物価が安定すると、需要が消費へと結びつき、七五年には単年度の黒字化を果たすことになる。

当初の計画を一年前倒しで累損を一掃し、黒字化を達成。アメリカ国内では、しょうゆを常備する家庭が少しずつ増えていった。国際化への挑戦が一つの実を結んだのである。

キッコーマンが挑戦を続ける理由

一九八三年、キッコーマンのしょうゆは、現地の化学しょうゆを抜き、市場シェアナンバーワンとなった。名実ともに「キッコーマン」はしょうゆの代名詞としてアメリカ社会に定着したのである。

そして現在、キッコーマンのしょうゆは世界一〇〇カ国以上で愛用され、海外の生産拠点は八つの工場まで拡大している。

二〇二四年三月期の所在地別売上収益及び事業利益を見ると、売上収益の七七%を海外が占めており、そのうち七〇%が北米となっている。事業利益を見ても、八割以上が海外であり、そのうち四分の三が北米である。

あのときアメリカに工場を建設し、しょうゆの現地生産を行うというチャレンジに踏み切らなかったならば、と考える。

仮に、キッコーマンが国内需要に頼り切った経営を続けていたならば、早晩頭打ちの状況を迎え、細々としょうゆをつくるローカル企業のままであっただろう。

キッコーマンがここまで飛躍できたのは、果敢な挑戦を繰り返してきたからにほかならない。企業も人も、挑戦すべきときには大胆に挑戦しなければならない。目先の利益やリスクにとらわれず、なすべきときになすべきことを、勇気を持って行う。それが今も揺るがない、私の哲学である。

目先の利益やリスクにとらわれず、
なすべきときになすべきことを、
勇気を持って行う。

第二章

守りから攻めへの転換

国内営業を経験して気づいた課題

第一章では、アメリカにおける工場建設を中心に、キッコーマンの海外進出を振り返ってきた。だが、挑戦は海外進出だけではない。本章では、国内に目を転じ、「つゆ・たれ」分野への本格的な進出と「和風そうざいの素」開発への挑戦について語ってみたいと思う。

私はキッコーマンの中で、長らく海外事業部門を中心に仕事をしてきた。一九七七年には海外事業部長に就任し、一九七九年に取締役となってからも、輸出を含む海外事業全般を担ってきた。

一九八〇年、当時の茂木克己社長から「経理もやってみないか」と言われ、海外事業部長と経理部長を兼務することとなった。経理を担当するのは意外な展開だったが、長く海外事業に携わっていた私にとって、会社全体を俯瞰する貴重な機会になったと感じている。

一九八二年に常務取締役に就任し、その後、情報システム部門の仕事も担うようになった。そして一九八九年には専務取締役に就任。経理部門から外れ、海外事業と国内営業を担当することになった。

国内営業に関わるようになって驚いたことがある。キッコーマンは、海外と国内で体質が随分異なっていたのだ。端的に言えば、海外事業部門は新しいことに挑戦する体質が根づいているのに対し、国内営業はおっとり・のんびりしていた。

それを反映するように、海外でのキッコーマンに対する企業イメージと、国内でのイメージには大きな落差があった。

例えば、海外出張時に飛行機内で乗り合わせた外国人のビジネス・パーソンと会話をする機会がある。そこで自分が「キッコーマンで仕事をしている」と伝えると、ベンチャー企業のようなイメージで受け止められることが多い。海外では、そうした評価が定着していた。

一方、国内でのイメージは正反対と言ってもいい。日本でキッコーマンという企業のイメージを尋ねると、「堅実で落ち着いている」といった反応が返ってきた。それは、私が実際に国内営業に携わって感じた印象とも重なっている。

この海外と国内の体質の違いは、事業環境の違いから生じているのは明らかだった。海外でしょうゆの需要を創造するには非常な困難が伴い、必然的に挑戦的な取り組みをせざるを得ない。ところが国内では、しょうゆ市場で長年にわたって最大シェアを占めるトップ企業の地位にある。それゆえ、無意識のうちにおっとりした体質が養われていったのだろう。

だが、これでは今後激化が予想される市場競争を勝ち抜いていくのは難しい。国内部門の体質を、いかにして挑戦的なものに変革していくか。私はこの課題に向き合わなければならないと考えていた。

五つの経営方針を掲げる

私がキッコーマンの社長に就任したのは一九九五年のことである。そのとき感じた重圧は、今でも記憶に残っている。なにしろキッコーマンは国内しょうゆ市場でトップ企業であり、グループ会社は当時すでに五〇社に上り、本体だけで三〇〇〇人の従業員を抱えていた。私の経営判断の一つひとつが会社の業績を左右し、ひいては社員と家族の生活に直結することになる。

とはいえ、リスクを恐れてばかりいては、経営はうまくいかない。私は就任直後にキッコーマンを挑戦的な体質に変革することを宣言した。その姿勢をわかりやすく提示するために、以下の五つの経営方針を掲げた。

1　守りから攻めへ

最初に強調したかったのが「守りから攻めへ」の姿勢である。

キッコーマンは国内においてはどちらかといえば守りの経営に強みを発揮してきたが、守っているだけではそれ以上の成長は望めない。

リスクを恐れずに挑戦してこそ、初めて王道への道が開ける。海外事業で培った確信をもとに、果敢に前に進む「攻めへの転換」を強調した。

今でも攻めの姿勢が経営にとって重要であるとの認識は変わっていない。まさに「攻撃は最大の防御である」の言葉の通りである。攻めを忘れて守りに入った瞬間から、企業の後退が始まると考えている。

2　スピードを上げる

キッコーマンの国内でのおっとり・のんびりした体質は、しょうゆという商品そのものと深い関係がある。

しょうゆの醸造期間は約半年に及ぶ。しかもキッコーマンは江戸期から約三〇〇年以上の歴史を持つ。商品の改良サイクルも長く、大きく儲かるわけでも損をするわけでもないビジネスがゆえに、堅実かつ緩やかな社風になるのも当然といえるだろう。

しかし、前述したように、のんびり構えているだけでは時代や環境の変化に対応できない。そこで「時間」という要素に着目し、スピードを上げる重要性を訴えることにした。

3　消費者本位に徹する

当たり前すぎて今さら言うまでもないと思われるかもしれない。しかし、ここには業界特有の事情がある。

国内のしょうゆ業界では、お客さまは卸売店を意味する言葉であり、特に販売契約を結んだ卸売店を指して「お特約店さま」と呼ぶこともあった。卸売店だけを見て商売する体質がなかったとは言い切れない。

しかし、本当のお客さまは、卸売店の先の小売店の、さらに向こう側に存在する消費者である。そんな当たり前の意識を社員に持ってほしかった。

4　地球社会にとって存在意義のある会社に

社会にとってキッコーマンが「なくてはならない」「あってよかった」と認められるような存在になる必要がある。そのためにも、おいしいものをつくり、適正な価格で安定的に消費者に提供することが不可欠である。

さらに、地球環境と調和し、社会貢献活動を推進していくという姿勢を表したものである。

5　グループ力の強化

海外事業・国内営業といった区分にこだわらず、グループ全体で結束し、相乗効果によって力を発揮しようという意図である。

攻めを忘れて守りに入った瞬間から、
企業の後退は始まる。

「つゆ・たれ」分野への挑戦を決断

五つの経営方針のもと、経営課題と戦略をまとめていくにあたり、特に私が取り組みたいことがあった。一つは「つゆ・たれ」分野への本格的な進出である。

もともとキッコーマンは、しょうゆ関連調味料をつくってはいた。最初に開発したのが一九五九年に発売した「萬味」という商品である。これはしょうゆとみりんをミックスしたようなものであり、一九六一年には、さらに「めん類用まんみ」（後に「めんみ」に改称）を発売している。

一九八五年には「ぽん酢しょうゆ」を、一九九二年には「そうめんつゆ」「ざるそばつゆ」というストレートつゆ商品を発売。この二商品には特選丸大豆しょうゆと本みりんを使用し、だしも「本返し」といわれる伝統的な製法を用いるなど品質を追求した商品である。

ただ、カテゴリーでの販売シェアは高いとはいえず、売上も他社の後塵を拝していた。

私は常務時代から、つゆ・たれ分野への本格参入を主張してきたが、そのたびに強硬な反対にあってきた。なぜなら、つゆ・たれメーカーは原料用のしょうゆをキッコーマンから仕入れている得意先である。キッコーマンがつゆ・たれ分野に注力すれば、先方は黙っていないだろう。大きな軋轢を生じさせてまで取り組む価値はないというのが、反対の主な理由だった。

取締役会で私がつゆ・たれ分野への本格参入を口にすると、国内営業担当者からは次のような言葉で徹底的に抵抗され、話はいつも平行線で終わった。

「取引先からはそっぽを向かれ、業界の秩序を乱すことになります。最終的にお客さまを失うことになりかねません」

しかし、市場を見ればつゆ・たれの需要が伸長するのは明らかである。にもかかわらず、このままつゆ・たれメーカーにしょうゆを納入する立場に甘んじていてよいのだろうか。

女性の社会進出などに伴い、つゆ・たれの消費量は増加傾向を示していた。総務庁（現総務省）の「家計調査年報」（一九九四年）によると、一世帯あたりのしょうゆの年間平均支出額は三〇六九円。つゆ・たれは三四〇九円であり、この年、初めてしょうゆの額を上回った。以降も、つゆ・たれ分野は拡大していくことになる。

つゆ・たれメーカーに納入しているしょうゆの付加価値は、それほど高いわけではない。自社で付加価値の高いつゆ・たれ商品をつくったほうが、長期的に見て会社の収益を上げることができる。

しかも、私は守りから攻めへの方針を打ち出していた。攻めるという観点で考えれば、消費者が欲しているつゆ・たれ商品を当然つくるべきだろう。かくして私は、新たなつゆ・たれ商品開発に挑戦することを決めたのであった。

「本つゆ」「赤だれ」「黒だれ」を発売

つゆ・たれ商品の先駆けとして、一九九五年に発売したのが「本つゆ」である。めんのつけ・かけなどに幅広く使える本格的な濃縮つゆだ。

その頃、めんつゆは主にかつお節メーカーが手がけており、小売店の売り場でも多く取り扱われていた。そこに他の食品メーカーも参入し、激しいシェア争いが始まっていた。

濃縮つゆは、つゆ市場の中でも一番のボリュームゾーンであり、このカテゴリーでのシェア獲得が重要であるのは間違いない。そこで、キッコーマンが持てるすべての技術と資源を投入し、高品質な商品を目指した。

「本つゆ」は、濃縮エキスだしを使わず削り立てのかつお節と、関西のうどん店でよく使われるうるめ節でとった天然だしを使用。これらのうまみを特選丸大豆しょうゆともち米本みりんで引き立て、味に奥行きをもたらした。キャッチフレーズは〝「天然だし」にこだわった本格派のつゆ〟である。

一方、たれに関しては、一九九七年に新撰焼肉「赤だれ」「黒だれ」という二種類の焼肉のたれを発売した。特選丸大豆しょうゆの「生しょうゆ」を使用するとともに、「低温殺菌・低温充填」によって原料の風味を生かした商品である。

もともと焼肉のたれに挑戦する上で念頭にあったのは、アメリカでのしょうゆの使われ方である。アメリカでしょうゆの需要が伸びたきっかけは、しょうゆを使ったバーベキューが「TERIYAKI」として認知されたことにあった。キッコーマンは一九六一年、しょうゆにワインや香辛料をブレンドしたテリヤキソースを輸出し、順調に販売を伸ばしていた。

日本でも、アメリカでの成功を受けて、しょうゆは肉に合うことをさまざまな形でアピールしてきた。日本での食肉や牛肉の消費量が着実に増えてきたことも後押しとなり、キッコーマンは一九八七年に「ステーキソース」、一九九四年に「ステーキしょうゆ」を発売していた。

そうした背景をもとに、私が社長に就任後、満を持して焼肉のたれ市場に打って出るために開発したのが「赤だれ」「黒だれ」であった。「赤だれ」「黒だれ」のテレビＣＭには、当時、プロ野球の読売巨人軍に所属していた松井秀喜選手を起用した。松井選手はＣＭ出演の解禁直後ということもあり、大きな注目を集めることとなる。

苦難を乗り越え、ブランドを活性化する

新商品を発売した時点では、すでに小売店の棚は、先行メーカーの定番商品に押さえられていた。そこに割って入るのは容易なことではない。

「現状でも売れている商品があるのに、あえて新しい未知数の商品を置く意味があるのか」

そんな認識を持つ卸売店や小売店を粘り強く説得していかなければならないのだ。当時の営業担当の苦労が想像できるだろう。

だが、その努力の甲斐があって、多くの店舗でキッコーマンのつゆ・たれ商品の定番化が決まり、生産が一時追いつかないこともあった。

同時に、危惧していたつゆ・たれメーカーからの反発も現実のものになった。商品を発売して間もなく、原料用のしょうゆを納入していた一部のメーカーから取引停止の通告を受けたのだ。

反発は大きく、あるつゆメーカーの社長からは私の顔を見たくないと言われたこともある。あるとき、私が仲人をした結婚式に、そのメーカーの社長も招待されていたことがあった。私が仲人をしているので、その社長は私の前を通らなければならない。しかし、社長は私を避けるようにして披露宴の席に着いた。怒りの大きさを実感する出来事であった。

つゆ・たれメーカーと関わる営業の担当者たちには、針のむしろに座るような時間が続いたと思う。しかし、この苦境を乗り越えた先にキッコーマンの未来があるという確信は揺らがなかった。

その結果、私はつゆ・たれ分野への進出を通じて、キッコーマンブランドの活性化を果たしたと思っている。しょうゆというカテゴリーの枠を超えて、和風調味料という領域に挑戦することで、新たな市場に展開し、確実に売上規模は伸長した。挑戦とはときに反発を招くものであるが、その挑戦の先にある未来への確信があれば、どんな苦境をも乗り越えられると、このときの経験から学ぶこととなった。

市場全体の活性化に貢献

つゆ・たれともに、投入直後から華々しい成果を上げたわけではない。しかし、時間とともに販売量は確実に伸びていった。

成功要因は、第一に粘り強い営業活動にあったといえる。営業担当者は、卸売店の営業担当に同行し、小売店を回って商品を置いてもらえるようお願いするのはもちろん、卸売店が扱うオリジナルギフトにキッコーマンのつゆ・たれを加えてもらう交渉も積極的に行った。とにかく認知度を高めることに注力したのであ

カテゴリーの枠を超え、
新しい領域に挑戦する。

る。

焼肉のたれの営業活動に際しては、食べ方の提案も行った。野菜で焼肉を巻く「巻き巻き焼肉」という食べ方であり、肉と野菜をバランスよく食べられる焼肉のたれであることを訴求した。これにより、小売店の調味料の棚だけでなく、野菜コーナーにも展開してもらうことを狙った。

こうした営業努力を全社的に後押しするムードもあったように思う。加工用の原料としてしょうゆを販売する部署に対して、顧客であるつゆ・たれメーカーからの風当たりが強かった中で、一枚岩となってつゆ・たれ市場への進出に取り組むことができた。「守りから攻めへ」の意識が社内に浸透しつつあるのを実感した。

そして、もう一つ大きな要因は品質である。商品開発をする際、私が繰り返し強調していたのは「革新と差異化」だった。つゆ・たれともに市場で成功している先行商品が存在していたわけだが、これを真似したところで先行商品以上のものにはなれない。

他社との差異化を図り、なおかつ他社を上回る品質を実現しなければならない。商品開発時に本格的な味を追求したのは当然だが、発売後も絶えず品質改良を継続した。消費者が求める味は、嗜好や素材の変化などにより常に変わっている。変化に対応していくことが重要である。

店頭での試食販売などを通じて消費者の感想を集め、それを反映した改良を積み重ねていった。焼肉のたれは二〇〇二年にリニューアルを行い、「わが家は焼肉屋さん」というネーミングで発売したところ、ヒット商品となった。

結果的に、キッコーマンがつゆ・たれ市場に本格参入したことで、単に市場を侵食するのではなく、市場そのものを拡大することに貢献できたと自負している。今や、濃縮つゆは和風料理全般に使う基礎調味料として定着している。焼肉のたれも、しょうゆベースのたれという新たな選択肢を提示したことで、市場全体が活性化し、他社商品や食肉の売上も向上することとなった。

こうした市場の変化と、原材料としてのキッコーマンしょうゆの品質が再評価されたこともあり、取引が停止していたメーカーとの関係も旧に復することができた。

市場を侵食するのではなく、
市場そのものを拡大する。

「うちのごはん」シリーズの誕生

つゆ・たれ分野への本格的な進出は、より簡便な調味料への展開であった。これに加えて、さらにできあがりの料理に近い商品を開発する必要性も感じていた。日本では一九六八年に家庭用レトルト食品が誕生し、二〇〇〇年時点で年間生産量二六万トン超の市場に成長していた。簡便・即食の需要に応える商品の市場は順調に拡大してきた。

背景にあったのは、女性の社会進出などに代表される社会構造の変化である。特に、二〇代から四〇代の世代には調理に時間をかけるのが難しい状況があり、それを素早く行うことが求められていた。

中でもキッコーマンが着目したのは、簡便調味料（そうざいの素）である。手軽に失敗なく惣菜をつくるための調味料は、中華料理用がすでに家庭に浸透していた。しかし、「和風そうざいの素」は未開拓の分野であり、キッコーマンとの親和性も高い。

確かに、ターゲットとする消費者層では和食離れが進みつつあったが、決して和食そのものが敬遠されていたわけではない。家庭で和食をつくるのは「難しくて手間がかかる」という認識を持たれていたのである。簡便調味料ならば、その認識を覆せる。キッコーマンが手がけるとすれば、和風そうざいの素以外にはない。

こうして誕生した商品が二〇〇二年に発売した「うちのごはん」シリーズであった。「うちのごはん」シリーズは九種類の野菜のうまみを生かした野菜だしに、丸大豆しょうゆと和風だしを合わせた和風そうざいの素である。当初は五種類のラインナップで首都圏地域から販売を開始し、翌年には全国に販売エリアを拡大した。

「うちのごはん」は卵、野菜、豆腐などの身近な食材を加えるだけで、おいしい和食のおかずをつくることができる。手軽さだけを追求すれば調理済みの惣菜を購入するのが最も楽ということになるが、そこに罪悪感を抱いてしまう人も少なくない。

「野菜を切る」など、ミニマムな手間をあえて残すことによって、手軽でありながら手づくりの料理をしたという実感も得られる。つまり、「いつものおかず」として食卓に定着する商品を目指したのである。

「和風そうざいの素」というカテゴリーを創出

「うちのごはん」は、簡便調味料の分野において新たな市場を創造する挑戦でもあった。なにしろ、それまで小売店に和風そうざいの素の棚は存在しなかった。「つゆ・たれ」には、すでに先行している他社商品に割って入る難しさがあったが、和風そうざいの素には、新たな売り場をつくるという別種の難しさがあった。

消費者に商品を認知してもらうまでには苦労も多く、初期にはお客さまから『「うちのごはん」という商品名なのに、ご飯が入っていない』という声が寄せられたこともあった。

その後、認知度が高まっていくにつれて消費者の支持が集まるようになり、小売店の棚も徐々に確立されていった。それに伴い、他社も後発商品を次々と発表するようになる。キッコーマンは先行者利益を得ただけでなく、市場の拡大にも大きな役割を果たしたといえるだろう。

「うちのごはん」シリーズは、その後も「家族で食べる」「個人で食べる」などのシチュエーションの多様化、そして健康志向などのニーズの変化に対応しながら変遷をたどる。こうして、そうざいの素からスタートしたシリーズは、「混ぜごはんの素」「肉おかずの素」シリーズなどラインナップが充実した。現在では、電子レンジで調理できる商品も誕生している。

このように新たな分野に挑んだキッコーマンの商品は、時代とともに新規開発やリニューアルを経て、今も日々進化を遂げている。

第三章

グローバル時代のリーダー像

グローバルな視点を持てば、企業活動に国境はない

私はキッコーマンという企業の経営に携わる中で、さまざまな変化を目の当たりにしてきた。

変化の多くは、企業の安住に揺さぶりをかける。生き延びるためには、外部環境の変化に対応して自らも変化していくことが大切な心構えである。

特にグローバル経済下を生きるためには、まず視野を広げ、グローバルな視点に立つべきであろう。第一章で述べたように、戦後、しょうゆの生産が戦前のレベルに回復するとともに、しょうゆ市場は飽和状態に達した。そこでキッコーマンがさらなる成長のために打ち出したのが、多角化と国際化であった。

キッコーマンはより広い視点で市場をとらえ、日本の食卓の変化への対応としょうゆ販売の国際化に活路を見いだしたのであった。

しょうゆを求めているのが日本人だけであり、市場を日本国内のみと限定的に考えていたならば、キッコーマンは現在のような姿にはなりえなかったであろう。日本のしょうゆがここまで世界に広まることもなかったかもしれない。

キッコーマンは、一九五〇年代からアメリカ市場で需要の創造に挑戦した。日本人以外のしょうゆのニーズが顕在化していない中で、現地に入っていき、人々の価値観や嗜好に直に接し、丹念に観察しながらブレークスルーのきっかけを探った。

その結果、肉料理としょうゆの相性のよさに着目し、マーケティングを展開した。そしてアメリカでもしょうゆの需要を創造したのだ。現在、北米は世界でも有力なしょうゆのマーケットに成長している。

需要を創造する余地がある限り、企業は国境などものともせずに活動を展開しなければならない。それがグローバルな競争で生き残る方策だと思う。

外部環境の変化に対応して
自らも変化していく。

人材のグローバル化がますます意味を持つ時代

グローバル化というと、地球全体が単色に染められていくようなイメージを持たれるかもしれない。しかし、それは間違いだ。

グローバル化は、多様なもの同士の共生を具現化した世界である。むしろ多様性を上手に利用することが大切であろう。

人に個性があるように、国や社会、企業それぞれの歴史や文化がある。実はグローバル化においては、このような違いが新たな価値の源になっていく可能性を秘めている。大切なのは核となる価値観や文化を変えることなく、相互の理解を深めながら文化を融合させていくことである。

グローバル化は貿易など商品市場が先行しているが、これからは日本でも社会、人材、教育など、商品以外の分野でも続々とグローバル化への対応を迫られることになるだろう。

企業がグローバル化を目指すにあたってまず行うべきは、自身のアイデンティティを認識した上で、異なる文化を理解し、受け入れる寛容さを持った人材の育成である。

キッコーマンは半世紀以上前、幸いにして経済のグローバル化の流れに先行することができた。もともとしょうゆは日本の食文化の中で育まれた調味料であり、欧米をはじめとする海外の食文化に受け入れられるかどうか未知数であった。そんな状況を乗り越えて、国際化を進めていったキッコーマンの経験は、多少なりとも参考になるのではないだろうか。

人材教育の位置づけが変化している

企業の質量両面にわたる成長のためには、全社員一人ひとりが挑戦を厭わずに

文化の核を変えることなく、
相互理解により融合させることが、
グローバル社会での
新たな価値の源泉となる。

創造性を発揮することが肝要だ。そのために仕事の環境を整備し、個々人のスキルアップを後押しすることは、企業の重要課題の一つである。

従来の日本企業における組織内教育には、世界的に見て優れたものがあった。日本企業は、入社した社員に、基礎から応用にいたるまで必要な知識やスキルの習得を手厚くサポートしてきた。これが、世界でもトップレベルとされる企業教育の文化をかたちづくってきた。

しかし、グローバル化の進展は、こうした日本的な組織と個人の関係に変化をもたらしつつある。自ずと人材育成や企業における教育にも変化の兆しが生じている。

従来は終身雇用のもとで入社してから、その企業に特化した社員教育を行うのが一般的な企業内教育であった。

一方、グローバル化する市場環境においては、外部労働市場が発達し、能力をめぐる競争が激しくなる。自分の能力を生かしうる場を求める個人が増え、企業も即戦力としてキャリア人材を外部に求める傾向が強まっている。

日本においても終身雇用の考え方は変わりつつある。将来を考え、キャリア・

アップのために現在所属する企業に固執せず、異なる企業に移り、再就職した先でどのように実力を発揮できるか、どう自分自身を成長させうるかに挑戦するという選択は、珍しくなくなっている。このような状況の中で、企業の人材教育自体の位置づけも変化が求められている。

もちろん、企業内教育は依然として重要であるし、それなくして自社の競争優位を維持することは不可能な面もある。しかし、グローバル社会で活躍できる人材を育てる上では、企業内のみに視点を置いた人材育成策だけでは視野が狭すぎると言わざるをえない。

もっと能力の定義を多面的にとらえ、教育の主体を広範囲に設定する必要があるだろう。従来の企業内教育はオン・ザ・ジョブ・トレーニングのウェートが高かったが、現在では視野を広げ、より多面的な知識・スキルの習得のために社外研修などオフ・ザ・ジョブ・トレーニングも積極的に取り入れられている。

知識社会では、仕事をしながら学び、学びながら仕事をするのが当たり前になる。環境の変化に合わせて自分自身が成長するには、オン・ザ・ジョブ・トレーニングとオフ・ザ・ジョブ・トレーニングを組み合わせて行っていく必要がある

仕事をしながら学び、
学びながら仕事をする。

だろう。

これからの時代において国際的に活躍する人材の要件

世界を相手にビジネスを展開していくためには、さまざまな能力が要求される。そこで国際的に活躍する人材に求められる要件として挙げたいのは、「専門能力に優れていること」「異なる文化に適応する能力を持つこと」「語学力（第四章で触れる）」の三つである。

ただし、それらの要件の大前提として、教養を高めておかなければならない。特に、日本について理解しておくことが重要である。

教養は、知識を幅広く身につけることにとどまらない。教養という言葉は、ドイツ語でビルドゥング（Bildung）といい、人格を「形成する」という意味合いが含まれている。

教養を身につけることは人格形成につながるとの考えから、かつての若者は文学や哲学、歴史や芸術を学ぶことに熱心であった。戦前の旧制高校から生まれた「教養主義」という風潮である。

しかし、日本では時代とともに文化としての教養主義は衰退した。

現在、大学入試の受験科目に日本史を選択しても、明治維新以降の歴史については、ごく浅い知識が要求されるにとどまっている。そのため、他国の人に自国の歴史を十分に説明できるほどのアイデンティティは確立できていない。

私は、高校や大学で教養教育の機会を増やす必要があると考えている。欧米では高等教育におけるリベラルアーツ教育が専門教育と同等に位置づけられ、学問体系として確立している。「リベラルアーツ」とはすなわち教養である。グローバル化が進む中、リベラルアーツが今ほど求められている時代はないのではないか。

グローバルな交流のフィールドでは、教養を身につける中で、とりわけ自国の文化や歴史について知っておく必要がある。自国の文化や歴史について語ることができなければ、人格的に信用できないと判断される可能性が高いからである。

実際に欧米人と仕事をしていると、ときどきアイデンティティを問われる場面がある。例えば、「禅についてどう思うか」などと尋ねられることがある。教養主義の復権とまでは言わずとも、アイデンティティ形成のためのリベラルアーツ教育に力を入れるべきだ。

「専門能力」を身につける必要性

ここから、国際的に活躍する人材に求められる要件について個別に見ていきたいと思う。まずは、専門能力に優れていることである。経理であれ法務であれ、また企画や営業であっても、特定の能力に卓越することは、世界規模で市場が拡大する時代の中では非常に大きな価値となる。傑出した専門能力を持つ人材は、常に供給不足である。

環境の変化に対応しながら、しっかりした成果を上げるには、何より自らの専門についての能力を研ぎ澄ませておく必要がある。営業や経理、技術といった分野でスペシャリストになれば、その仕事を通して会社全体が見えるようになる。経営者はゼネラリストだと考えている人が多いが、経営者も経営のスペシャリストである。専門能力を持つための努力をしておけば、経営に関わるチャンスが来たときに、経営のスペシャリストにもなれるのである。

専門能力はその人の市場価値の源泉である。私は社員に、自分自身の市場価値を高める努力を奨励している。しばしば若手から中堅の社員に対して、「他社からスカウトが来るくらいのスペシャリティを持ちなさい」と助言する。

自分自身の市場価値を高めていく上で、目を向けてほしいのは、業界での自分自身の位置であり、「他社から引き抜かれるくらいの市場価値を」と常々言っているのである。それは会社のためでもあり、何よりも本人のためである。

どんな業界でも名の通った人がいる。他社から見ればいわば競争相手であり、商売敵でもあるが、同時に尊敬の対象として一目置かれている。業界内に知己が多いという特徴もある。私の言う「スカウトが来るくらいのスペシャリティ」とは、専門能力を究めた結果として、市場価値が高まった状態を意味している。業界内での勝ち負けを超えて、能力のある人は注目の対象となる。スペシャリティを磨くのであれば、こういった存在が一つの目標となるだろう。

決して転職を奨励しているわけではないが、「あの会社には素晴らしい人材がいる」「ぜひ、当社で力を発揮してほしい」などと言われる状態が理想である。少なくとも「いつクビになってもいい」「次の行き場所はある」と断言できるくらいの実力をつけておくことが大切である。

市場価値を高めておけば、仕事の中でリスクテイクできるようになる。会社内での発言力も高まり、やりたい仕事を堂々と主張できるようにもなるだろう。仮に、どうしてもやりたい仕事に恵まれなかった場合にも、最終的に転職という選択肢を選ぶことが可能となる。

専門能力を身につけ、業界内で確固とした地位を築くには、ひたむきな努力が不可欠である。現代は変化の速い時代であるため、専門能力を常に磨いておく必要があるだろう。

理想を言えば、おおむね四〇歳くらいまでには二つ程度の専門能力を持つ必要

「いつクビになってもいい」
「次の行き場所はある」
と断言できるくらいの
実力をつけておく。

がある。専門能力を身につけるには、促成栽培では無理である。何を究めるにあたっても、必要な時間というものがある。私は、まずは五〜一〇年を一つの目安に、腰を落ち着けて一つの領域を究めることを勧めている。

まず入社後の一〇年、つまり三〇歳を超えるあたりまでに自分なりの専門性を一つ確立する。そして、次の一〇年、四〇歳あたりまでにさらにもう一つの専門能力を獲得する。一つの専門性を究めてから、新たな専門性に目を向けるというのがポイントだ。そのためには頻繁に異動をさせるべきではない。専門能力を身につけるという観点からすれば、私は伝統的なローテーション人事には賛同しかねる部分がある。

ローテーション人事は、日本企業でも多く採用されてきた考え方である。社員にいくつもの経験を積ませようという意図は理解できる。だが、特定の仕事を数年行い、別の部署に異動しても、一つの専門能力を獲得するには短すぎ、中途半端である。

もっと一つの領域を徹底して掘り下げていく姿勢が必要であるように思う。最低でも五年、あるいは一〇年ほどは必要である。

一つの領域に秀でることで、いくつもの利点がある。最たるメリットは、視野が広がることである。専門領域を究めることで、「自らの専門能力を使って何ができるか」を考えられるようになる。逆に言えば、一つの専門能力を究めない限り、全体を見る能力を養うことも難しくなる。

視野が広がることで、経営者的なマインドが身につくようにもなるだろう。同じ職務を一定期間続け、一定の節目に外部の教育機関で学ぶなどの方法が最も効果的と思う。

特に海外で仕事をする場合、欧米の専門職大学院などで学んだ経験を持つ人は、相当な専門能力を有している。そういった人たちと対等に渡り合っていくための高い専門性が求められることになる。

また、国内では仕事で困ったときに、周りの人に相談に乗ってもらえる機会が少なくないが、海外で仕事をするときには、他人に気軽に相談できず、自分で判断しなければならない局面が多くなる。その意味でも専門能力に優れていることが欠かせない。

とはいえ、専門的な知識というものは、実は非常に陳腐化が早い。一度習得す専門知識は陳腐化が早い。
常に学び続ける姿勢が重要。

れば一生使える知識など、もはや存在しない。常に新しい知識を現在進行形で学んでいく姿勢も重要であろう。

海外の文化に自分を適応させる

国際的に活躍する人材になるためには、異なる文化に適応する能力も忘れてはならない。実際に海外に出ると、その国や地域の文化への適応力が仕事をうまく進める上でものをいう。

キッコーマンは現在、しょうゆの海外生産拠点として北米、南米、欧州、アジアに八つの工場を持ち、世界百カ国以上でしょうゆを販売している。

一九五〇年代に進出したアメリカの経験を原点とし、アメリカでの学びをその後の展開に生かしたからこそ、可能となったと考える。

いずれの生産拠点も異なる文化を持ち、異なる価値観や規範意識を持つ。宗教も異なれば商習慣も違う。そのような多様性が、グローバル市場を形成することは興味深い事実である。

この多様性を障害ではなく味方にできるのが、自由市場の最大の利点である。私たちは多様性を利用できるし、利用しなければならない。そこで、グローバルに展開する企業になくてならない要件は、異文化に適応する能力である。

適応力と順応力はどう異なるのか、という話がある。まず、順応するというのは、その場に合わせてなりきってしまうことを意味する。例えば、アメリカに順応するには、アメリカ人になりきってしまえばいい。ただ、その場合、日本に帰国してもアメリカ人のままだから、今度は日本にうまく適応できないことにもなりかねない。

それに対して適応とは、海外の文化に自分を上手に合わせることである。海外でしばらく生活しても、日本に帰ればまた日本人としてやっていける。

これが適応力と順応力の大きな違いである。

もっとも、私の印象では、適応力は必ずしも訓練によって鍛えられるものでもないように思う。先天的な要因が少なからずある。

例えば、会社の中で同じ部署の人としかつき合わないような人は、まず海外ではうまくいかないだろう。特に努力するでもなく、他の部門の人と気軽につき合えるような人は、基本的に適応力があるといえる。営業の仕事をしながら、技術系の人とも自然につき合っているような人がそうだ。

また、社外の勉強会に参加するなど、積極的に人と交流する場を持っているような人は、適応力を備えていることが多い。

グローバルに活動することは、「根無し草」になることとは異なる。日本人は日本人としてのアイデンティティを大切にしながら、主体的に環境に適応していくことが大切ではないだろうか。

リスクへの感度を高める

これまで述べてきた国際的に活躍する人材の要件に関連して、最後に言及しておきたいのが、リスクへの感度を高めることである。

私が一九九五年にキッコーマンの社長に就任してからさまざまな施策を実行するにあたっての基本的な問題意識は、常に挑戦的な姿勢を持つことだった。挑戦的な姿勢は経営者にだけではなく、現場の社員にも求められる。

キッコーマンの場合、海外市場開拓においては、挑戦的な姿勢を発揮してきた。そこで前述したように、国内でも、「守りから攻めへ」を掲げ、「本つゆ」「焼肉のたれ」などの開発を進めていった。それらの商品は今では高い支持を得ているが、当時としては果敢なリスクテイクを必要とした。

起業家精神の発揮とリスクテイクは双子の関係にある。リスクを取るからこそ、起業家精神が育つということだ。

リスクへの感度を鍛え、高めることは、世界に通用する人材に求められる一つの要素である。

プロフェッショナルは、常にリスクに対する責任を負っている。私自身、海外でしょうゆ事業を展開する中で、リスクの本質を見極め、変化にどう対応するかを徹底的に考え抜く機会を持った。

海外の現場で、重要な経営判断を瞬時に下さざるを得ない状況に立ちいたったこともたびたびあった。そのときの経験が、今になっても生きている。

私はなるべく若いうちに、リスクを伴う判断ができるような訓練の場を持っておくべきだと考えている。リスクを避ける風土は、そのまま企業全体の内向きな姿勢に直結する。リスクを恐れては何もできない。

そのためには、経営者や上司が日頃からリスクへの感覚を研ぎ澄まし、必要とあらば進んでリスクを取れるような風土を醸成しておかなければならない。

リスクテイクが日常的な風景の一部をなす企業文化があってこそ、若い人たちもそれが事業の本質であることを学び、自らの事業マインドを養っていくことが可能となる。

慣れた世界の外に出て、新しい事業の経験をすることは、新たな発見も多いし、人間的な成熟にもつながる。

特に若い人には、積極的に新しい事業に挑戦してほしいし、企業にもその挑戦を後押ししてほしいと願っている。

企業は社員が進んで
リスクを取れるような風土を
醸成しなければならない。

第四章

成長し続けるための学び方

キャリアと学びについての私の考え方

前章ではグローバル時代における国際的に活躍する人材の資格要件について述べた。本章ではそれらを身につけるための学びについて考えてみたい。

グローバル社会で活躍するためにはさまざまな方法を通じて学び、自分を成長させることも求められるだろう。読書から情報を得るだけでなく、人から直接学ぶという姿勢も不可欠である。特に人生の岐路において、経験豊富な先輩からの学びは大きなヒントを与えてくれる。人から学ぶためには、積極的に人と会う機会をつくることも重要であろう。

一般的に、仕事に必要な能力は会社で仕事をしながら身につけていくが、私の場合はアメリカの大学に留学した折、ビジネススクールで身につけた知識が基礎となった。また、勉強会などでの継続的な学びも、私自身の成長に役立ったことは間違いない。

キッコーマンの若手社員によく言っていることであるが、私は、人生のある時期に死に物狂いで勉強をするという経験が、非常に役に立つと考えている。それによって、何が起こっても、たいていのことには驚かなくなるからだ。

もちろん、何歳になっても学びに終わりというものはない。学びについて、私の体験も踏まえつつ、思うところを述べてみたい。

ドラッカーに感銘を受け留学を決意

慶應義塾大学二年生のときに出合ったドラッカーの『現代の経営』（『The Practice of Management』）は、私に経営学への興味の糸口を与えてくれた。そこには「企業経営」や「経営者」についての金言がちりばめられていた。中でも「顧客の欲求を有効需要に変える」という記述に出合い、目からうろこが落ちる思いがした。

死に物狂いで勉強する経験があれば、
たいていのことには動じなくなる。

幸運にも、三年生になるとノースカロライナ大学から来たホワイトヒル教授の講義を受ける機会に恵まれた。人事・労務管理を専門とする気鋭の学者だった。

ホワイトヒル教授の講義は質疑応答が半分くらいを占めており、他の講義と比較すると、はるかに質問や議論が活発だった。内容も手法も非常に実務的であった。

「アメリカのビジネススクールとは、こういうものなのだろうか」

ドラッカーの著作とホワイトヒル教授の講義は、私の心を大きく突き動かした。アメリカ留学に挑戦したい。アメリカの大学で経営学を学びたい――。そんな思いが日ごとに募り、四年生になった年の春、両親を前に思い切って切り出した。

「折り入ってお願いがあります。アメリカに行きたいのですが……」

私は、ただ見聞を深めるための遊学をしたいのではなく、大学院で経営学の実務を学びたいという思いを伝えた。

当時は日本人にとって海外渡航自体が珍しかったから、両親が驚くのも当然である。しかし、最終的にはビジネススクールで二年間学ぶことを許してくれた。

留学は許されたものの、思い描くような学びを得るためには、どの大学へ留学したらよいのか見当がつかなかった。当時はアメリカの大学に関する情報に乏しく、大学の図書館で調べても資料が見つからない。アメリカ大使館に問い合わせても情報がなく、「アメリカ文化センター」でかろうじて入手できるくらいだった。

資料を読むと、アメリカの経営大学院は、大きく三つのタイプに分かれていることがわかった。

①ケースメソッド（事例研究）主体
②レクチャー（講義）主体
③両者の併用

ケースメソッドは魅力的だったが、身につけたアメリカ流のビジネス知識が当時の日本で役立つ保証はない。講義主体では日本の大学院と大差がない。両者の併用が理想に思えた。

そこで留学先に選んだのはコロンビア大学である。ニューヨーク市マンハッタンにあるという地理的な条件から、現地のビジネスマンに接する機会も多いだろうという期待もあった。コンサルタントを兼任して実践に通じている教授も多いという。

一九五七年の秋、埼玉県朝霞市にあったアメリカ軍基地で入学試験を受けた。受験生のほとんどがアメリカ軍の兵士で、中には迷彩服を着た人もいた。当時、アメリカでは兵役の後、奨学金が支給される制度があったようだ。

試験科目は英語と数学。数学は比較的簡単だった。事前に「数学で点を稼げ」と助言されていた通りだった。日本の数学教育のレベルが高かったことに感謝した一方で、英語にはさすがに苦戦した。

試験後、その足で神宮球場に向かい、慶應対立教の試合を途中から観戦したのを記憶している。しかし、ゲームセットを見届けないまま帰宅してしまった。あまりに疲れ果てていたのだ。

翌年春、コロンビア大学から入学通知が届いた。慶應義塾大学を卒業後、キッコーマンにいったん入社し、休職して留学することになった。

ラジオ英会話が現地で役立った

一九五八年八月、羽田空港からハワイ経由でサンフランシスコ空港に到着した。周りを歩く人たちが英語で話しているのが耳に入ってくる。「いよいよアメリカに来たのだ」と実感した。

西海岸で一週間ほどを過ごし、ニューヨークに向かったときのことである。夕食後に飛行機に乗ると、機内で夕食が提供されるという。「いかがですか」と尋ねられたので、「ノーサンキュー」と返答した。

ところが、しばらくすると私の座席に料理が運ばれてきたではないか。「自分の英語はアメリカでは通用しないのか」とショックを感じた。

後になってから、そのときは「ノー」の発声が弱かったのだと気づいた。日本人は遠慮がちなメンタリティを持っており、「ノー」と言う声が小さくなる傾向がある。アメリカ人が明確に「ノー」と言うのとは対照的である。そんな経験を積み重ねながら、英語の的確な使い方を学んでいったように思う。

英会話に関しては、ラジオで学んだ英語が役に立った。

私は留学を意識した大学三年から四年にかけて、NHKラジオで英会話を勉強していた。月曜から金曜まで毎日である。風邪をひいても休まなかったし、旅行先でも旅館でラジオを借りて聴いていた。

番組が始まる一五分前の午前六時一五分から予習をし、番組を一五分聴いたあと、さらに一五分の復習も欠かさなかった。

当時、日本の学校で教えていたのは文法が中心の英語であり、実践が目的の英語ではない。しかし、正確な文法を知っても、使えなければ意味がない。アメリカに来てみて、ラジオ英会話を聴き続けてよかったと思った。

英語学習は基本的に暗記で決まる。暗記した言葉を反復するのが、上達の一番の近道といえる。

私は、英語学習に映画を活用することも多かった。まず、映画館で字幕を見ずに映画を鑑賞する。映画館の帰りに書店に立ち寄り、シナリオ本を購入し、映画

英語学習は「暗記&反復」が一番の上達の近道。

のセリフを確認する。

ある程度、英語のセリフを理解した上で、もう一度映画館に出向いて、字幕を見ずに同じ映画を観る。

それを何回か繰り返すと、英語のセリフを理解できるような状態になる。最後に日本語字幕を見て確認すると、英語が身につくようになる。今でも使える英語勉強法であると思う。

現状では、グローバル市場でビジネスを行うためには、少なくとも英語の能力は必須となるだろう。英語が国際語となっていることは、私が言うまでもなく厳然たる現実である。日本でも英語教育が次第に低年齢化しつつあるのは意味があると思う。

日本人が国際会議で消極的な背景としては、外国語、特に英語を使いこなせる人材の少なさも原因と考えられる。

通訳を介して議論をする場合、どうしても時間と費用がかかる。やはり英語力を磨く必要性はある。ただ、英語力を身につけた上で、重要な会議においては通訳を介することをためらってはいけない。通訳者がこちらの発言を翻訳し相手に伝えている間に、議論を整理したり発言内容を考えたりする時間が生まれる。より正確に意図を伝えられるというメリットもある。

何より問題なのは、発言しないことである。現実に、海外では会議において発言しないと、自動的に賛成と見なされる、あるいは意見を持たない人と見なされかねない。

なお、近年はグローバル競争の中で、中国や韓国が英語教育に熱心である。本気でグローバルに活躍する人材になりたいのなら、英語に加えてさらにもう一カ国語を身につけるのが理想といえるだろう。

勉強と格闘したアメリカ留学時代

一九五九年に入学したコロンビア大学の経営大学院では、とにかく必死で勉強する毎日を過ごしていた。平日は午前八時に起床し、午前九時から午後三時まで授業がある。授業後には図書館に直行し、宿題をこなさなければならない。

英語と格闘しながら一日に文献を一〇〇ページ以上読み進める必要があり、閉館する夜一一時まで図書館で過ごすのが常であった。図書館にいると他の学生もおり、自然と競争心が働くので、極力図書館にこもるようにした。

寮に戻ると、午前三時から四時頃まで勉強を続ける。課題文献の続きを読み進めるほか、ケーススタディのための資料を調べたり、小論文を書いたりしてからようやく就寝する。小論文は手書きでなく、タイプで打っていたから、タイプの腕は相当上達したと思う。睡眠時間は平均して四〜五時間程度だった。

毎晩、明け方近くまで勉強していたから、睡魔に襲われることもしばしばだった。そんなときは、真冬でも窓を開けて凍てつく風を頬に当てて、どうにか眠気を覚ましていた。

試験時には、薄手の専用ノートに答案を書く。ときには何冊もノートを使い切る。そんな試験が一日に三教科もあることもあった。

中には、講義についていけない学生もいた。ドミトリの隣人はアメリカ人だったが、自殺未遂を起こした末、失意のまま故郷へと帰っていった。友人によれば、決して稀なケースではないとのことだった。

授業のない土曜日も、当然のように勉強にあてる。ただ、夜は早めに就寝した。この土曜の夜の幸せな気分を、今になっても忘れることができない。日曜日は一〇時頃に起き出して、つかの間、仲間と食事に行くのが楽しみの一つだった。外で口にする牛肉は、寮で提供されるものより柔らかかったのを覚えている。日本ではお目にかかる機会のないロブスターも堪能した。楽しい食事、楽しい時間だった。

食事を終えると、日曜の午後からは、再び勉強にあてていた。毎週月曜日に、「クイズ」という名の小試験が課されるコースもあった。それに備える必要があり、のんびり休息を取るわけにはいかなかった。

留学期間中は一度も帰国せず、家への電話も年に一回にとどめていた。大学の図書館に船便で送られてきた日本の新聞があり、それで上皇上皇后ご夫妻のご成婚の詳細を知った。

そんな勉強漬けの日々を経て、二年後にＭＢＡ（経営学修士）を取得。コロンビア大学でＭＢＡを取得したのは、日本人では私が初めてである。

渡米前に六八キロあった体重は、帰国時に五八キロになっていた。その代わり、留学で得た財産は、後の経営に生かされることになった。

ケーススタディでディベート力を強化

私は留学経験を通じてさまざまなことを学んだが、ディベート力を養えたことは非常に大きかったと感じている。そして、ビジネス・パーソンにとって、ディベート力の向上は避けて通れない課題であると考えている。

アメリカでは日米の文化の相違を目の当たりにした。クラスで学生が激論を交わすさまは、非常に緊張した雰囲気なのだが、教室から一歩外に出ればふだん通りに言葉を交わす。

ケーススタディ（事例研究）と講義があり、ケーススタディでは事例を中心にディスカッションが行われた。また、講義では、教授が半分ほどの時間でレクチャーを行い、残りの半分の時間はディスカッションを行うのが常であった。クラスに出席する際には、何よりもまず発言する必要があった。

発言をするためのスキルを身につけようと授業の合間に「トーストマスターズ・クラブ」という課外活動にも参加した。トーストマスターズ・クラブとは、テーブルスピーチなどを勉強する会である。

まず、参加者の各人にその日のテーマを書いたメモが配られる。メモは中が見えないようにホチキスで留めてある。最初の人は紙を開けてメモを読み、一分間考えることができる。そして、メモに書かれたテーマについて一分間のスピーチを行う。

前の人が話し始めたら、次の人はホチキスを外してメモを読むことが許される。つまり考える時間は平等に一分間ということになる。この手順で、以下の人たちもそれぞれ一分ずつの持ち時間でスピーチを行っていく。

何しろ時間が限られているから、当意即妙と集中力が要求される。ゆっくり考える間もなく、話をしなければならない。当時の韓国政府が一方的に宣言した漁業管轄圏である「李承晩ライン」や「ソフィア・ローレンとブリジット・バルドーはいずれが魅力的か」などのテーマでスピーチしたのを記憶している。

話をするためには手際よく自分の考えをまとめ、ふさわしい言語に置き換えなければならない。しかも明確に伝わるように、まずは結論を明示した上で、その根拠について説明をする必要がある。

ディベート力というのは発言力だけではない。相手の言い分を聞き、理解した上で疑問点や自らの考えとの相違点を相手に示すことが重要だ。

トーストマスターズ・クラブは他の参加者のスピーチを聞き、自分の考えを的確に、簡潔に伝えるよいトレーニングの場であった。

こうした機会を通じてディベートのスキルを磨き、授業でのディスカッションにも対応することができた。

アメリカでは幼少時からディベートが教育に組み込まれており、基本的なルールを理解した上で議論が交わされている。ディベート力は、日本でも今後重要になっていくだろう。

「インド人を黙らせ、日本人をしゃべらせれば一流の議長」とは、国際会議などでしばしば囁かれるジョークである。議論好きなインド人と発言の少ない日本人

相手の言い分を聞き、
理解した上で
疑問点や自らの考えとの相違点を
相手に示すことが重要。

の様子をよく言い当てている。日本人の発言は一時よりはよく見られるようになったものの、今なお十分ではない面もある。

日本人は一般に議論のキャッチボールが上手とはいいがたい。自らの意見を明確に表現しようとしない。暗黙の了解や婉曲的な比喩表現など独特のコミュニケーションで成り立っている。

また、仮に口に出したとしても言いっぱなしになったり反対意見に感情的に反応したり、議論がかみ合わないことも多い。

これは、現代社会の基底をなす民主主義のルールからすると特殊である。民主主義においては議論を重ねて意見を集約し、最終的に多数決でものごとを決めていく。

日本の人材が国際社会の中で積極的な役割を果たすためには、国際会議などでもプレゼンスを高める必要がある。そのためには自らの意思を明確にし、議論できることが必須であるといえよう。

社外に出て変化を知る機会をつくる

時代の変化を知り、自らの仕事に役立てる上で、最も簡単な方法は社外に出ることである。昨今は社外の勉強会がたくさん催されているし、研修やセミナーなども少なくない。やはり積極的に外の世界を見にいく姿勢が必要だろう。

これは、経営者もまったく同じである。一日中、社長室や役員室にこもっていても、視野が狭くなる一方である。外の世界に出ていき、直接刺激を受けるのは貴重な機会だといえる。

私自身、人に会い、人の話を聞くことが何よりの学びであると信じていた。日本アイ・ビー・エム社長だった椎名武雄氏の発案で、各界の論客が集まって議論する「天城会議」、コロンビア大学の同窓会、野田一夫氏が中心だった「現代経営研究会」などの勉強会での学びが、視野を広げるのに大きく役立った。

時代の変化を知り、
自らの仕事に役立てる上で、
最も簡単な方法は社外に出ること。

オリックスの宮内義彦氏、日本経済新聞の吉村久夫氏などの呼びかけで発足した昭和一〇年生まれの会「初亥会」などの楽しい集いにも参加してきた。

四四歳のとき加入した経済同友会も、外の世界における貴重な学びの場であった。若い頃は毎月一回、ホテルなどでランチをとりながら講師の話を聴く「産業懇談会」という集まりに出席し、他分野の諸先輩方から多くを学んだ。

ウシオ電機会長の牛尾治朗氏が一九九五年に経済同友会の代表幹事に就任した際、お誘いを受けて副代表幹事になった。次の代表幹事が当時富士ゼロックス会長の小林陽太郎氏だった。私は尊敬する両先輩のもとで、八年間副代表幹事を務めることになった。

その間、複数の委員会の委員長を委嘱されるなどしたが、多忙な経営者といえども、同友会は個人資格での参加であって代理出席は認められない。みな自らが出向いて意見を交換することが決まりであった。直接意見を戦わせることで芽生える人間的な信頼というものもある。

四年にわたって務めた政治委員長時代には、同じく副代表幹事で後に日本銀行総裁となる福井俊彦氏らと欧州を視察した。

また、日本生産性本部に事務局を置く「新しい日本をつくる国民会議（21世紀臨調）」の共同代表にも就いた。21世紀臨調は二〇〇三年七月に「政権公約（マニフェスト）に関する緊急提言」を発表した。

令和臨調の発足に込めた想い

二〇一四年には、牛尾治朗氏の後任として日本生産性本部の会長に就任し、各界各層の参画を得て、従来の産業分野にとどまらない生産性改革に取り組んできた。

そして二〇二二年六月、経済界・労働界・学識者等の有志で組織する令和国民会議（令和臨調）が発足すると、佐々木毅氏（元東京大学総長）、小林喜光氏（東京電力ホールディングス取締役会長）、増田寛也氏（日本郵政取締役兼代表執行役社長）とともに、私は共同代表を務めることとなった。

発足にあたっては、日本が平成から先送りにしてきた課題に党派を超えて取り組み、国民の合意形成を目指したいとの想いがあった。

今、ポピュリズムの台頭が世界的な流れとなっている。ヨーロッパではポピュリズム政党が大きく議席を伸ばしつつあり、アメリカでもポピュリズムを背景にした動きが社会に分断の危機を招いているといわれている。

現在、日本にはさまざまな問題が山積している。特に人口減少の傾向は顕著であり、二〇五〇年までに全体の四割にあたる自治体で二〇代から三〇代の女性が半減し、最終的に消滅する可能性があると指摘されている。経済は長期的低迷から脱却できず、諸外国と比較して相対的な地盤沈下が著しい。また南海トラフ地震に代表される大地震のリスクに加え、異常気象による豪雨や洪水・高潮などの気象災害の激甚化・頻発化も進行している。

いずれの課題も解決に向けた粘り強い取り組みが求められるが、放置され続ければ、いずれ人々は、多少強引でも一挙に解決に導いてくれる強いリーダーを求めるようになるかもしれない。その流れがポピュリズムに結びつけば、国民が不幸になるだけでなく、国の将来も危うくなりかねない。そうした状況を避けるためにも、手遅れになる前に課題を解決していかなければならない。

令和臨調では、以下の三つのテーマに取り組むこととしている。

一つ目はビジョンや構想をアクションに移すための「統治構造改革」である。平成時代以来の改革を検証しつつ、政党のガバナンス、二院制や国会審議等の国会のあり方、選挙制度、官僚の働き方改革などの課題に取り組む。さらに、熟議民主主義やデジタル・デモクラシーなどのアイデアを採り入れつつ、危機にも揺らがない政権交代可能な責任ある政党政治の実現を目指す。

二つ目は、さまざまな危機をしっかりと受け止められる「財政・社会保障ビジョン」の形成である。長期停滞と格差の固定化等の問題を解決するには、財政政策が大きな役割を果たす。その一方で、社会保障関係費を含めてワイズスペンディング（賢い支出）を追求し、中長期的な財政の推移について正しい見通しに基づいた政策運営が図られるようにしなければならない。

三つ目は、人口減少と超高齢化という現実を直視した「国土構想」である。人口増加を前提とし、ハード面の開発に重きを置いたかつての構想とは異なり、個人の自由で多様な生き方を可能にする「人づくり」と「ネットワークづくり」に重点を置く新たな社会の哲学を追求する。デジタル化技術を生かし、エコロジカルな地域の発展や、地域ガバナンスの未来像を示す。

上記三つのテーマについて、各部会を通じて、さまざまな議論を行っている。さまざまな提言を国の施策として実現させるために、同じ志を持つ政治家とともに議論を重ね、具体的なアクションや法案整備にまで手が届くよう、働きかけていきたい。そして、都道府県知事や市区町村長、マスメディア、学生たちを含む若い世代にも議論に参加してもらい、この令和臨調の試みを、国民的な運動にしていきたいと考えている。

私を成長させてくれた先輩たち

私の経験からすれば、先輩に学ぶことが非常に大切である。特に、「兄貴分」にあたる年代の先輩から学ぶ機会は大変貴重である。

人生経験の豊かな人は、ときに思いもしない視点からアドバイスをしてくれる。話の中から学び取ることができるだけでなく、相談にも乗ってもらえる。自分にとっては初めての出来事が、先輩方には経験済みの出来事であることも少なくない。だから、親身になって相談に乗ってくれるような先輩を持ちたい。

私は幸いなことに、前出のウシオ電機の牛尾治朗氏をはじめ、相談に乗っていただける先輩に恵まれた。

本務が多忙であった時期とも重なり、決して時間のやりくりは容易ではなかったが、先輩経営者の方々とさまざまな意見を交わしながら研鑽を重ねられたのは、大きな財産になった。

先輩方から専門知識のみでなく、生きる上での姿勢や対処法をも改めて学ぶことになった。みなそうそうたる方ばかりだったが、一流の方ほど腰が低く、やさしく親切に後輩の面倒を見てくれることが多い。次第に信頼や絆も芽生え、何か考えあぐねたときなどに気軽に相談できるリラックスした関係にもなる。そんな関係ができれば、自らを成長させる上で大きな意味を持つだろう。

一流の方ほど腰が低く、
やさしく親切に
後輩の面倒を
見てくれることが多い。

情報源としての本と新聞の価値

学びの手段として、本や新聞から情報を得ることにも大きな意義がある。本や新聞はしかるべき情報のプロが、しかるべき時間と経験をかけて作成している。その分、信頼性は高いと考えている。

本の持つ価値はビジネス・パーソンにとって特に大きい。何も経営書やビジネス書のみに限らない。幅広くアンテナを張り、小説などの書物も人間の幅を広げるために並行して読んでいくのがよい。できるならば、古典も読書の範囲に入れるのが望ましい。

一般に一流の経営者は古典から学んでいることが多い。経営というと実学の典型のように見られるが、実学以外のあらゆる要素とも関わっている。

現実のビジネスは、人間の頭で考えるよりもはるかに複雑であり、特定の理論だけでは解きほぐせない問題が多々ある。古典や歴史書の中には、複雑な現実に処する上でなくてはならない英知がある。優れたビジネス・パーソンはそこから学び、自らの仕事に役立てようとしている。

社会人が参加する各種の勉強会では、経営書やビジネス関連の書籍に加えて、西洋から東洋の古典も積極的に読まれているようだ。よい傾向である。昨今は従来のような文語調の難しい翻訳でなく、現代の翻訳家が訳し直した読みやすいものが多く出ている。

知的錬磨の場を持つ

私が独自に社内で実践した学びの実践例としては、読書会と朝食会がある。本来は、読書もじっくり時間をかけて行いたいところだが、多忙な毎日では、それもままならない。そこで二〇〇〇年から始めたのが社内の読書会である。

読書会の参加社員は二〇代後半から三〇代半ばの若手が主である。毎年八名を選び、一年間をかけて行う。年ごとにメンバーを入れ替える。毎月四冊の書物を選定し、メンバーは読了を義務づけられる。

一冊の書物の内容や、感じたり考えたりしたことをA4のレポート二枚にまとめて、およそ八分間で私に報告してもらう。その後、およそ三分間を使って議論を行う。したがって一冊あたりの時間は一一分程度となる。

八分で説明するのは容易ではない。限られた時間配分であり、事前に徹底的に考え抜くことが要求される。一冊の本についてポイントを外さず、しかも豊かに表現するには、一定のセンスが必要とされる。思考力を研磨するのにおすすめの方法である。

若手中堅社員にとってみれば、その緊張感たるや相当なものであろう。課題図書を丁寧に読むのは言うまでもないが、書物の内容について熟考し、さらには人に伝えるポイントを選び抜く。ある意味ではストレスフルな作業であるが、知的に負荷のかからない作業をいくら行っても力はつかない。

私自身もアメリカに留学した頃、膨大な課題図書とレポートに十分な睡眠時間も確保できなかった経験をしたことはすでに述べた。筋肉と同じで、頭脳は忍耐強く鍛え抜けば、それにふさわしい働きをしてくれる。読書会に参加する社員の成長を見るたびに、知的鍛磨の場を持つ意味と価値を実感する。

もちろん読書会には若手を教育する意味があるのだが、それ以上に私にとっても価値がある。経営者は丁寧に本を読む時間を確保するのが容易ではない。若手社員によるしっかりと考え抜かれたプレゼンテーションは、整理された形で私の頭に情報として入ってくる。知識の密度はきわめて高い。その価値は八分の要約といえども、本一冊を読むのと同等である。

読書会での書物の選定にあたっては、テーマを経済・経営に限定することはなく、社会、政治、教育、文学、文化など多岐に及んでいる。

それともう一つ、なるべくベストセラーを入れるよう助言している。なぜなら、ベストセラーとは時代を映す鏡であって、社会や人の関心の所在を的確に教えてくれる。ベストセラーの内容を短時間で知るのみならず、世の関心がどのあたりにあるのかをモニターする上でも、格好の材料を提供してくれる。報告する当人だけでなく、参加者全員にとって絶好の学びの場となる。

頭脳は忍耐強く鍛え抜けば、
それにふさわしい働きをしてくれる。

読書を介した報告から、質問や議論も活発なものとなる。コミュニケーションも盛んになる。

会社内では、同じ所属部署や近しい人との会話は多いだろうが、なかなか他部署の人が何を考え、何に関心を寄せているのかを知る機会は少ない。組織を越えて意見交換を行うことで、自分だけでなく、他者の関心を知るよい機会となる。

読書会を開くことによって、他者が何を考えているかに思いを馳せるよいきっかけができたのもまたかけがえのない成果であったと感じる。読書会は現在も継続している。

朝食会は貴重な意見交換の場

朝食会という形で勉強の場を設けたこともあった。多いときは年に三〜四回ほど開催していただろうか。メンバーは読書会と同じく若手中堅クラス社員七〜八名程度であった。

朝の七時三〇分から八時四五分までの時間で、サンドイッチの朝食をとりながら意見交換する場である。

ここでは、現場の社員が日常感じていることを自由に話してもらう。会社や仕事に関するものもあるし、はみ出すものもある。進行役として役員も出席しているから、社員にとっては緊張の場となるのはある程度はしかたがないが、誰かが話し始めると次第に慣れてきて、かなり率直な意見を口にする者も出てくるようになる。

社員にとっては経営幹部と直接話ができるし、われわれとしても若手の社員が現場で何を感じているかを知る機会ともなる。

このような場を持てば、双方が立場を超えて接することができるようになる。そして他者の声に耳を傾けること自体が、大きな教育上の意味を持ち、自らの成長を後押ししてくれるようになる。効果はかなりのものであった。

学ぶときに最も大切な姿勢

最後に、学ぶときに最も大切な姿勢について触れておきたい。

それは謙虚に取り組む姿勢であろう。私が教えをいただいた各界の諸先輩方は、一人の例外もなく謙虚である。長い期間一つの世界で成果を上げる方に共通するのは謙虚に取り組む姿勢である。

ドラッカーはマネジメントになくてはならない資質を「真摯さ」に求めた。私はこの「真摯さ」の中に、必然的に謙虚さが含まれると考えている。そもそも人が学ばなければならないのは、この世界が究め尽くすにあまりに複雑で広大だからであろう。

つまり「何も知らない」から学び続けなければならず、知らないことがたくさんあるということは、未来に学ぶべきことが無限にあるということでもある。したがって、何も知らないという事実を謙虚に受け止めることは、学ぶ上での基本的な姿勢なのだといえる。

実際に、経営者の多くは今なお学び続けている。先のドラッカーによれば、人の頭脳は学び続けるかぎり生涯老いることはないそうである。彼自身、九五歳で亡くなる直前まで『シェイクスピア全集』を再読していたという。学びが生きることであると、身をもって実践していたといえるだろう。

学び続けるのは決して楽ではない。しかし、小さな世界に安住した時点で、人の成長はとまる。逆に言えば、学び続ける意思を持ち、それを捨てることがなければ、人は何歳になっても成長できるのである。

『酔古堂剣掃』という古典金言集の中に、私の父茂木啓三郎が書斎に掲げ、私自身も若い頃から折に触れて心に刻んできた言葉がある。

「名を成すは毎（つね）に窮苦（きゅうく）の日に在り。事に敗（やぶ）るは多く得意の時に因（よ）る」

立派な仕事はいつも困難な状況の中から生まれてくる。逆に、いい気になったときに往々にして失敗する、という意味である。

苦しいときに逃げ出すのは簡単である。しかし、苦しいときこそ踏ん張りどころである。そこで問題解決のための努力を重ねていけば、自分が成長する可能性も生まれる。

学ぶ努力も大切である。仮に通勤電車の中や在宅勤務で浮いた通勤時間などを利用して一日二時間勉強の時間を捻出し、それを一〇年間継続したならば、一年だけでも七三〇時間、一〇年で七三〇〇時間にもなる。これは年間総労働時間を二〇〇〇時間とすると三年半分にも相当する時間である。意欲的に究めていけば、一〇年も経つうちにその分野の専門家となり、業界で名を成していても不思議はない。

学び続ける意思を持ち、
それを捨てることがなければ、
人は何歳になっても成長できる。

第五章

これからの世界を生きる

変化が連続し、予測困難な時代

二〇二〇年、新型コロナウイルス感染症が拡大し、日本を含む世界は経済の停滞を余儀なくされた。そして、二〇二二年はロシアによるウクライナ侵攻という世界史的な事件が起きた。

「変化が激しい時代」「予測不可能な時代」などといわれて久しいが、多くの人間が身をもって変化を実感し、変化に対応する必要性を痛感したのではないだろうか。

改めて世界の潮流を眺めてみると、一九九一年にソビエト連邦が崩壊し、東西冷戦の時代が終わりを告げた。アメリカをはじめとする自由主義陣営と、ソ連を中心とする社会主義陣営の牽制によって平和が維持される状況に終止符が打たれたわけである。

その後、グローバリゼーションが進展し、世界は一つになると思われた。ところが、現実はそうはいかず、デカップリング（分離、切り離し）の動きが始まってきた。二〇一八年、アメリカは中国から輸入されるハイテク製品などを対象に二五％の追加関税をかけ、その後も追加関税の対象となる製品を拡大させていった。中国もこれに対抗して、アメリカからの輸入に対し関税を引き上げるなど、米中対立が激化した。

アメリカの強硬姿勢はトランプ大統領が退任し、バイデン政権に移行してからも継続され、米中関係の対立は続いた。外交・安全保障の分野では台湾をめぐって両国の緊張が高まってきた。これを新しい冷戦であるとみなし、「新冷戦」「第二次冷戦」という言葉も使われるようになっている。

ただし、現在の状況は、かつての二項対立的な冷戦体制とは異なる様相を呈している。

例えばウクライナをめぐっては、ロシアとアメリカ・欧州連合（ＥＵ）が対立し、欧州は化石燃料の「脱ロシア化」を図っているが、ロシア産ＬＮＧ（液化天然ガス）の輸入は続いている。

同様に、アメリカと中国は対立しながらも、経済的には相互に依存している現状がある。つまり、切り離しといっても、事はそれほど単純ではない。

資本主義はどこへ向かうのか

変化が連続し、世界情勢が混沌とする中で、経済のシステムはどうあるべきか。私は利益を追求するために自由な経済活動を行う資本主義・自由主義経済が、ベストとはいえずとも、他の経済システムと比べてベターであると考えている。これは、政治システムとしての民主主義がベストとはいえずともベターであるというのと同じである。

ただ、資本主義経済は、時代の要請に従って変化を繰り返してきた歴史がある。私がコロンビア大学に留学していた一九六〇年頃、経営大学院ではConceptual Foundations of Business Enterprise（企業の存在意義）という経営哲学を学ぶ講座が必修科目になった。アメリカの企業社会において、経営者は単に株主のために利益を追求するだけではいけないと考えるようになったからである。企業はすべてのステークホルダーに利益を分配すべきであり、従業員や顧客、取引先、社会にも配慮をしなければならないという考え方が強くなってきたということだ。

こうした考えが強まった背景には、資本主義陣営と社会主義陣営間の競い合いがあった。当時、ソ連経済の成長率は割合高く、一九五七年にはアメリカに先駆けて人類初の人工衛星「スプートニク1号」の打ち上げに成功。一九六一年には有人宇宙飛行にも成功するなど、科学技術面でも目立った動きを見せていた。

アメリカは、このままいくと資本主義経済が脅かされるという危機感を持ち、資本主義経済の優位性を示さなければならないと考えるようになった。

資本主義経済は、競争を通じて技術革新などを促すことにより、社会主義経済と比較して経済のパイを拡大できる余地がある。しかし、パイを拡大するだけでは、国家が富を分配する社会主義経済に対して優位性を示すことはできない。

そこで、株主以外のステークホルダーにも利益を分配し、社会における存在価値を示さなければならないとする方向へと転換したのである。

その後、ステークホルダー重視の考え方がしばらく続いていたのだが、ベトナム戦争により財政赤字が拡大するなど、アメリカの経済には徐々に陰りが見られてきた。

一九八〇年代になると新自由主義が台頭し、市場の自由競争によって経済の活性化を図ろうとする考え方が広がってきた。一九八一年に就任したレーガン大統領は、「レーガノミクス」と呼ばれる経済政策を実施。規制緩和により民間の活発な経済活動を促した。ステークホルダー重視などと悠長に構える余裕がなくなってきたのである。

さらにクリントン大統領が掲げたIT政策はアメリカ国内に多数のベンチャー企業を生み出し、その中からグーグル、アマゾンなどの巨大企業が誕生した。九〇年代のアメリカは、「ニューエコノミー」と呼ばれる繁栄期を迎えることとなる。

しかし、経済が活性化する一方で、格差は深刻化した。格差に対応しなければ、資本主義経済は危機を迎えるという問題意識が出てきたのである。

二〇一九年、アマゾン、アップル、ウォルマートなどアメリカの主要企業の経営者をメンバーとするビジネス・ラウンドテーブルは「企業統治に関する声明」を発表した。この声明では、従来の株主第一主義との決別を宣言し、ステークホルダー重視への転換を打ち出し、大きな話題を呼んだ。そして現在はステークホルダー重視が世界的な潮流となっている。

歴史を遡ると、一九二九年の世界恐慌をきっかけに、経済を活性化させるために新自由主義的な考え方が打ち出されているが、それ以前にはイギリスの経済学者であるアルフレッド・マーシャルが「経済騎士道」を提唱するなど、ステークホルダー重視の時代が存在していた。

つまり、資本主義は、株主重視とステークホルダー重視の間を行きつ戻りつしながら変化を続けてきたのである。

日本においても、小泉政権下からアメリカに遅れる形で新自由主義的な経済政策がとられ、形を変えながら歴代政権に受け継がれてきた。これに対し、二〇二一年に就任した岸田文雄首相は「新しい資本主義」を提唱し、新自由主義からの転換を目指した。石破茂首相も「新しい資本主義実現会議」を引き継いでいる。世界の潮流を見れば、時宜に適った選択ではないかと思う。

失われた三〇年と日本の国際的地位

ただし、日本がアメリカと異なるのは、経済が停滞した状況のままステークホルダー重視に転換しようとしている点である。これは景気が活性化してからステークホルダー重視に向かったアメリカとは対照的である。本来、景気が停滞しているときには競争を重視し、経済を活性化させなければならない。余裕ができるからこそ利益を分配できるのである。

日本経済はバブル崩壊後、長期にわたって低迷を続けてきた。

バブル崩壊のショックは人々の心にも大きな傷をつくり、日本人はリスクを取ることを極端に恐れるようになってしまった。その消極姿勢は現在にいたるまで続いている。今、経営トップに就いている六〇~七〇代の世代は、そんなバブル崩壊の恐ろしさを目の当たりにした世代だ。リスクテイクに躊躇する姿勢から完全に脱却できてはいない。

しかし、四〇代～五〇代の人々は、バブル崩壊時、まだ経営には直接関与していなかった人々だ。つまり、バブル崩壊の怖さを知らない世代といえる。

彼ら・彼女たちは、怖さを知らないので、思い切った投資に踏み切れるだろう。これからは、彼ら・彼女たちのような失敗を恐れずに大胆に挑戦できる世代が、会社を牽引するようになっていく。そうなれば、再び経済が大きく動き出すかもしれない。その意味で、私はその世代の人々が活躍できる社会になることを、大いに期待している。

ただ、彼ら・彼女たちは、怖さを知らないがゆえに失敗を犯す可能性もある。また、バブル崩壊の恐怖に直面していない代わりに、社会人になってから経済成長を実感したことがないという側面もある。成長を実感する機会に恵まれず、成長を追い求める役割を担うことには、大きな困難が伴う。特に若い世代の人々は、勝つことの味を知らない。彼ら・彼女たちが積極的に力を発揮していくためには、例えば小さな事業に取り組んで軌道に乗せるなど、早い段階で成功体験を通じて、勝つことの味を知ることが重要である。

今の日本には、経済成長を知らない世代に成長を実感させることと、新しい資本主義との両立が求められている。そのために何ができるかを問う必要があるだろう。

生産性向上のために何が必要か

喫緊の課題は生産性向上であるといえよう。OECDのデータに基づく日本の時間あたり労働生産性は五二・三ドル（二〇二三年）と、OECD加盟三八カ国中三〇位にとどまっている。一人あたり労働生産性は三一位、製造業の労働生産性は一八位であり、いずれも伸び悩んでいる。

生産性を向上させるためには、イノベーション（革新）とディファレンシエーション（差異化）が不可欠である。企業は新たな商品やサービスを生み出し、付加価値をつくり出すことが重要である。

生産性向上のためには、イノベーション（革新）とディファレンシエーション（差異化）が不可欠。

また、経済の新陳代謝を健全に促進させることも求められる。新陳代謝は、市場に新しい企業が入ると同時に、役割を終えた企業が退出することを意味する。この新陳代謝がうまく起こらない限り経済成長はできない。

例えば、企業が倒産するとは、その企業が競争に敗れたということである。資源を適切に配分し、成果を上げられなかったことを意味する。もしそのような企業が市場から退出しないならば、新しい企業が市場に入ってくる門戸が狭められてしまう。

新陳代謝が適切に機能するということは、新しい産業や企業が自然に生まれ育つ環境ができているということだ。日本の現状を見るならば、その機能が十分ではなく新しい企業が出てきにくい。

日本の開業率を見ると、わずかに四・二％である（二〇一九年）。一九八八年をピークに低下に転じたあと、二〇〇〇年代は緩やかに上昇を続けてきたが、ここ数年は再び低下傾向に転じている。

日本経済のポテンシャルから見ると、この開業率はあまりにも低すぎるのではないだろうか。だからこそ、まずは新陳代謝機能を最大限活性化し、市場に備わっている力を発揮できるようにしなければならない。

新陳代謝を進めるには、生産性の高い企業へ資本や労働力を移動させる必要がある。ただし、セーフティネットの強化も図らなければならないだろう。日本では、一度失業をすると仕事を見つけるのが難しい状況がある。欧米のように労働市場を整備し、技能習得のための教育を充実させることが重要となる。

そして、前述したイノベーションとディファレンシエーションを生み出すためにも、多様な視点を持つ人材が能力を発揮できる環境を整えなければならない。特に日本では女性とシニアの活躍が大きな課題となっており、女性とシニアを戦力化した企業が付加価値をつくり出すことを期待している。

生産性の低い長時間労働から脱却し、働き方と暮らし方の調和のとれた生活を送ることで、人生は豊かになる。生活の中で養った知見を仕事に生かすことで、創造的な仕事ができるようにもなる。

生活の中で養った知見を
仕事に生かすことで、
創造的な仕事ができるようになる。

今ほど社会的責任が問われる時代はない

新しい資本主義という観点では、企業の社会的責任が問われる時代になっている。

ウェブの発達により、かつては一部にしか知られなかった情報がSNS上に書き込まれ、世界中に拡散され、ときに批判の対象となり、さらには世論の形成にも影響を与えるようになった。

現在、インターネット上の情報に気を配らない企業はおそらく存在しないだろう。企業によっては、CSR報告書などをウェブ上でも公表するようになっている。

しかし、CSRという概念を援用せずとも、企業の持つ社会性は、日本では古くから根づいている考え方の一つだった。例えば、実業家の渋沢栄一は、明治期にすでに企業の社会的責任について言及している。だから、新しい資本主義、資本主義の修正という点では、日本人のよさを発揮する余地があると思う。

キッコーマンには「産業魂」という理念がある。一九二八年、当時の社長が次のように述べている。

「産業は単に利潤追求を目的とするものではなく、賃金獲得の場として存在するものでもない。企業を通じて社会の福祉、国家の進運に寄与すべき公共の義務を負うものであり、関係者はこの理念を基本として、公共に奉ずる精神で仕事に当たらねばならない」

この言葉は利潤の解釈や企業の公共性などについて、現代においても色あせない企業の姿勢を表している。

「産業魂」が誕生した背景には、戦前の労働争議（一九二七～二八年）があった。戦前日本の労働史に残る「三大ストライキ」の一つであり、二一八日間に及ぶ大がかりなものだった。

この労働争議は会社側が最終的には勝利したものの、キッコーマンはその後の企業経営を行う上での貴重な教えを受けた。労使双方が共有できる基本理念を確立し、労使間の信頼関係を築くことが重要であると考え、そこで生まれたのが産業魂という理念であった。

引用中にもあるように、企業とは単に利潤追求のためのものではない。企業では、多様な人々が多様な形で関わりを持つ。企業は働く場であるとともに、社会の公器でもある。

働きやすい職場づくりに配慮することは今や企業の競争条件の要ともなっている。社会が企業を判断する有力な要因ともなっている。キッコーマンは経営理念において地球社会にとって存在意義のある企業を目指している。キッコーマンは百年以上続く企業としての経験から、社会性を意識する大切さを学びとってきたのである。

なぜマナーを身につけることが大切なのか

別の例を挙げれば、日本で中世以降に活躍した近江商人は「三方よし（買い手よし、

企業は働く場であるとともに、
社会の公器でもある。

売り手よし、世間よし）」の精神を有していたことが知られている。

二〇一九年に開催されたG20大阪サミットでは、「G20貿易・デジタル経済大臣会合閣僚声明」において「我々は、売り手、買い手及び社会に利益がある『三方よし』の理念の重要性に留意する」との文言が掲載された。

この三方よしの精神は、SDGs（Sustainable Development Goals：持続可能な開発目標）にも通じるものがあるように思う。SDGsは、二〇〇一年に策定されたミレニアム開発目標（MDGs）の後継として、二〇一五年の国連サミットで採択された目標である。国連に加盟する一九三カ国は、二〇一六年から二〇三〇年までの一五年間で、この目標の達成を目指している。

SDGsの目標は、「貧困をなくそう」「人や国の不平等をなくそう」「気候変動に具体的な対策を」など、一七の項目にわたっている。

企業にとって、こういった取り組みは、ルールというよりもマナーに近いものとして位置づけられるだろう。仮に目標に取り組まなくても罰則が科されることはないが、目標に取り組むことによって投資家や顧客からの支持を得られることになる。

ゆえに、SDGsに取り組む重要性はますます高まっている。キッコーマンはこのSDGsの前身ともいえる「国連グローバル・コンパクト」に署名した日本企業の第一号である。

個人にも求められるジェントルマンシップ

企業に限らず、個人のレベルにおいてもマナーを身につけることは重要である。専門能力を磨くことと同様に、あるいはそれ以上に大切なのは人としての基本である。マナーを身につけることで、その人の品格が養われるといってよい。

私が組織の中で人を評価するとき、まず見るのはその人の能力、そして実績である。能力は学ぶ力に正比例することが多いと感じる。

ならば、能力と実績さえあげればよいのか。それだけでは足りない。売上に貢献し、図抜けた実績を上げたからといって、それだけで全面的な高評価を手にす

専門能力を磨くことと同様に、
あるいはそれ以上に大切なのは
人としての基本である。

るわけではない。では、他にどのような尺度があるのか。

品格がそれである。品格を定義するのは難しいが、その人の持ったたずまい、姿勢から漂う雰囲気のようなものといえるだろう。

特に、どのような人が組織の幹部に登用されるかは、組織の価値観を如実に表現する。仮に、役員に品格のない人が登用されることになれば、社内外から会社に対する信頼を損なうことになりかねない。

グローバルな視点で見ても、事情は変わらない。どのような社会においても、品格ある人物を登用するということは暗黙のルールともいえる。ジェントルマンシップの尊重は、いかなる組織においても重視される条件であるといってよい。

明けない夜はない

最後に、若い読者に向けてのメッセージをもって締めくくることにしたい。

私は、日本の公共人材を支え、リーダーシップの涵養や人材・知・経験の交流に取り組む日本アカデメイアの共同塾頭を務めている。日本アカデメイアには「ジュニア・アカデメイア」という大学生・大学院生が政策提言をまとめるプロジェクトがある。そこで若者たちと接していると、非常に優秀でユニークな発想を持つ人が多いことに気づく。

少し前までは、優秀な学生の多くは官僚を志望していた。しかし、現在では起業をする学生も増えてきている。官僚として国を支えることも重要であるが、さまざまな分野で優秀な人材が活躍することで、社会全体が活性化される。私は日本の未来をそれほど悲観していないし、未来を明るくする余地はあると考えている。

日本経済が低迷しているとはいえ、日本人の潜在的な能力や勤勉性まで失われたわけではない。若者たちが日本の将来に不安を感じるのも無理はないが、将来を明るいものにする努力は忘れないでほしい。

私自身は、元来、楽観的な性格である。ものごとをそれほど悲観的には考えない。それが幸いして、いくつもの試練を乗り越えることができた。

当然、好不況の波もあるだろうし、いいときもあれば悪いときもあるだろう。しかし、しっかりと打つべき手を打ち、なすべきことを行えば、永遠に続く夜などなく、いずれ朝がやってくる。

キッコーマンは、いずれしょうゆの国内需要が頭打ちになるとの認識のもとに、一九五七年という早い段階からアメリカに販売拠点を築いてきた。そして、一九七三年にはウィスコンシン州に最初の工場を稼働させた。苦労の末にようやく工場が稼働したかと思うと、息をつく間もなく石油ショック、世界同時不況に見舞われた。金利が二〇%、消費者物価も二〇%上昇するというとんでもないパニック状況に襲われた。

むろん少なからぬ打撃をこうむったが、やがてアメリカの経済状況が軌道を取り戻し、比較的早期に赤字を脱することができた。

窮地においても、生き延びるための道はある。キッコーマンにあっては、海外に活路を見いだすことが有効な打ち手であった。

若い人たちには、与えられた仕事に全力を尽くすのはもちろん、海外留学をする、海外で起業をするなど、さまざまな可能性にチャレンジしてほしい。

本書では、キッコーマンの経験、そして私自身の想いを、特にこれから活躍しようとする若い人たちに語りかけるつもりで書いてきた。読者にとってこれからを生きる上でのヒントとしてお役に立てることを願っている。

どんな窮地においても道はある。

【著者】
茂木 友三郎（もぎ・ゆうざぶろう）
キッコーマン株式会社 取締役名誉会長 取締役会議長
公益財団法人 日本生産性本部 会長
1935年千葉県生まれ。慶應義塾大学卒業後、キッコーマン株式会社入社。61年米国コロンビア大学経営大学院（経営学修士課程）修了、同大での日本人第1号のMBAを取得。95年代表取締役社長CEO、2004年代表取締役会長CEO、2011年から現職。2014年、日本生産性本部会長に就任。令和国民会議（令和臨調）共同代表、日本アカデメイア共同塾頭、経済同友会終身幹事等。著書に『「醬油」がアメリカの食卓にのぼった日』（PHP研究所）、『キッコーマンのグローバル経営』（生産性出版）、『国境は越えるためにある「亀甲萬」から「KIKKOMAN」へ』（日本経済新聞出版社）など。

挑み続けるヒント
成功を後押しする25の言葉と思考法

2025年4月1日　第1刷発行

著　者――茂木友三郎
発行者――山田徹也
発行所――東洋経済新報社
〒103-8345　東京都中央区日本橋本石町1-2-1
電話＝東洋経済コールセンター　03(6386)1040
https://toyokeizai.net/

ブックデザイン……鈴木成一デザイン室
DTP……………ALPHAVILLE DESIGN
印刷・製本………暁印刷
Printed in Japan　　ISBN 978-4-492-96113-1

本書のコピー、スキャン、デジタル化等の無断複製は、著作権法上での例外である私的利用を除き禁じられています。本書を代行業者等の第三者に依頼してコピー、スキャンやデジタル化することは、たとえ個人や家庭内での利用であっても一切認められておりません。
落丁・乱丁本はお取替えいたします。